LO QUE LAS ESPOSAS DESEAN QUE LOS MARIDOS SEPAN ACERCA DE LAS MUJERES

DEDICATORIA

Con los mejores deseos, a mi pequeño hijo Ryan, que ama los animales; odia que lo bañen; apenas soporta a las niñas, y hace un millón de preguntas en una hora: «¿Mamá, las lombrices bostezan?»

James Dobson

Lo que las esposas desean que los maridos sepan acerca de las mujeres

editorial clie

Libros CLIE
Galvani, 113
08224 TERRASSA (Barcelona)

LO QUE LAS ESPOSAS DESEAN QUE LOS MARIDOS
SEPAN ACERCA DE LAS MUJJERES

Originally published in the USA under the title
*WHAT WIVES WISH THEIR HUSBANDS KNEW
ABOUT WOMEN*
© 1975 by Tyndale House Publishers, Inc.

© 1978 por CLIE para la versión española

Versión española: Julio Rafael Maestre

Depósito Legal: B. 19.920-1990
ISBN 84-7228-420-4

Impreso en los Talleres Gráficos de la M.C.E. Horeb,
E.R. nº 265 S.G. –Polígono Industrial Can Trias,
c/ Ramón Llull, s/n– 08232 VILADECAVALLS (Barcelona)

Printed in Spain

Indice

1
La madre: el hada del hogar

El lector ya se ha enterado que éste libro está dedicado a mi hijo Ryan. El niño tiene actualmente tres años de edad, y es un diablillo haciendo travesuras. Ryan posee todas las características que los libros de psicología infantil atribuyen a una criatura cuya edad fluctúa entre el primer y el tercer año de vida. Durante ese dinámico período de la existencia, el entusiasmo y la actividad surgen de una fuente de energía que parece inagotable. Y así nos ha sucedido con Ryan. El mismo día que cumplió el año y medio, pareció como si hubiese escuchado una voz que le suzurraba al oído: «¡El momento ha llegado niño, ahora!», y empezó a dar vueltas alrededor de su cuarto a la máxima velocidad. No es un nene de malos sentimientos y son rarísimas las ocasiones en que desobedece a la autoridad paterna. Pero es enormemente curioso y quiere enterarse de todo. Si puede hacerlo, derrama, corta, desarma, desenvuelve, o desparrama lo que tenga por delante. Tratar de que se quede quieto es tan imposible como intentar derribar un roble con un clavo. Y por supuesto, esa forma de ser lo pone cada momento al borde del desastre. Es necesario que una persona mayor lo cuide todo el día para evitar que este niño se mate solo; y con mucha frecuencia tal responsabilidad de velar por él, recae sobre mí.

Una mañana cuando estábamos solos en casa, Ryan dejó de oírse por algo más de dos minutos. Inmediatamente comencé a buscarlo revisando todas las habitaciones, pero no lo pude encontrar. Finalmente me asomé por la ventana de la cocina y divisé a Ryan gateando sobre el remolque de un camión que algunos constructores habían estacionado a la puerta de casa. El remolque era muy alto como para que el niño hubiese podido subirse solo, y todavía es un misterio cómo logró encaramarse allí. Cuando me dirigí hacia donde estaba, noté que trataba desesperadamente de bajarse. Se encontraba semi-suspendido en el aire, a unos cuantos metros de altura sobre el pavimento. Previendo que se iba a caer, traté de acercarme sin hacer ruido, para recibirlo en brazos cuando se soltara. Pero alcanzó a oírme cuando estaba cerca. No gritaba ni parecía asustado. Simplemente estiraba el pie y decía: «Alguien que me ayude por favor.» Y estas palabras caracterizan magníficamente su filosofía de vida: Se trata de «ayudar» a Ryan, y ése ya es suficiente trabajo para su madre y para mí.

Algunos días después del episodio del remolque, Ryan me dejó ver otro aspecto de su «brillante» personalidad. Mi esposa Shirley se fracturó una pierna esquiando, así que yo tuve la oportunidad de reemplazarla en los trabajos domésticos por algunas semanas. Aprendí entonces lo que significa ocupar el lugar de ama de casa y de madre. ¡Y les aseguro que no fue nada fácil! La primera mañana que me hice cargo de tal labor, Ryan comenzó enseñándome las reglas del juego «estar en lugar de mamá». A las seis de la mañana me desperté sobresaltado por un berrido. Abandoné precipitadamente la cama, y me dirigí al cuarto de Ryan mientras el niño gritaba con todas las fuerzas de sus pulmones. (Ese ruido tiene el mismo efecto sobre el sistema nervioso que escribir con una tiza que tenga una piedrecita sobre el pizarrón.) Cuando abrí la puerta de su cuarto la gritería cesó de súbito y una dulce vocecita infantil preguntó: «Ya está listo el desayuno?» «Ya lo voy a preparar» —le contesté.

Así que me dirigí a la cocina, todavía medio dormido, para preparar algo. Comencé buscando en las alacenas alguna cosa que fuera fácil y rápida para cocinar. Todavía tenía los ojos entrecerrados por el sueño. Entretanto, Ryan había abandonado su cama y me había seguido hasta la cocina. Inútilmente trató de hacerme hablar, pero era lo último que yo quería hacer en ese momento.

—¿Tenemos tocino? —preguntó.

—¿Por qué se te derramó la leche? —añadió.

—¿Ya está todo listo? —volvió a interrogar.

Pero yo no le contesté. Debió preguntarme una docena de cosas, pero todas quedaron sin respuesta. En ese preciso momento me encaró y me gritó:

—¡Ya me tienes cansado!

¿Qué haría una madre en tal situación? No lo sé. Releo mi propio libro «Atrévase a practicar la disciplina», pero no encuentro nada acerca del castigo que se le pueda imponer a las impertinencias mañaneras de un atrevido chiquitín. Tuve ganas de pedirle a mi esposa que retornara a su trabajo, y que yo me comprometía a implorar bendiciones sobre ella todos los días, como los hombres en el tiempo antiguo cuando se sentaban para tratar sus asuntos en las puertas de las ciudades, y eran conocidos por la buena reputación que tenían sus esposas.

A base de estas breves escaramuzas en el campo de las responsabilidades maternas, y de la experiencia adquirida como consejero matrimonial, he adquirido un respeto y un aprecio muy profundo por las habilidades que una mujer exhibe como esposa y como madre.

En mi opinión, su labor es de la máxima importancia para la salud y la vitalidad de cualquier sociedad. Por lo tanto lamento sinceramente que el trabajo del ama de casa no reciba el aprecio que merece en nuestro mundo moderno. En algunos círculos las mismas palabras «ama de casa» han llegado a simbolizar irrealización, inferioridad e insignificancia. ¡Qué desgracia! No podríamos cometer un error más grande que el desvalorizar la importancia que tiene el hogar y menospreciar la educación que allí reciben nuestros hijos.

Sin embargo, la tarea del ama de casa puede conducir a la mujer a una serie de tensiones y frustraciones que debemos encarar con toda honestidad. Aún para una madre que se sienta profundamente comprometida con su familia y con el bienestar de ella, existen momentos en que desearía salir corriendo lejos de su hogar. Los niños pequeños como nuestro Ryan, pueden dejar exhausta e irritada a una persona que se atreva a cuidarlos durante los 365 días del año. Los infantes suelen ser turbulentos, ruidosos y desordenados. Mojan los pañales y pantalones, rayan los muebles, y excitan constantemente los nervios de sus madres. Realmente se necesitaría ser una mujer fuera de serie, para criar un niño y no poder decir de vez en cuando: «¿Pero Dios mío, qué estoy yo haciendo aquí?»

Las mujeres también enfrentan otros problemas y presiones que resultan mucho menos comunes entre los hombres. Algunas esposas que permanecen en sus

10

casas todo el día, añoran la compañía de personas adultas. Desean ardientemente mantener relación con gente mayor. Además, con frecuencia son dadas a recordar sus momentos felices, o el romántico amor de sus años juveniles. La predilección que muestran por las telenovelas románticas es un reflejo de la gran necesidad que atormenta sus vidas, ante el aislamiento que deben enfrentar. ¡Y este no es un problema insignificante!

Lo anterior nos conduce a la fuente de frustraciones más común. Las mujeres lo expresan así en el momento de una sesión de consejo matrimonial. La esposa que experimenta todas las necesidades que hemos descrito, a veces, es totalmente incapaz de compartir estos profundos sentimientos con su propio marido. Ella siente que está perdiendo ingredientes vitales de su vida, pero por lo general se siente incompetente para manifestárselo a su esposo. Desesperadamente ella desea que él comprenda sus miedos y sus frustraciones, pero no encuentra la forma de hacerse entender. Y no debemos dudar de que ella intenta hacerlo. Pero muchas veces sus esfuerzos no logran simpatía y apoyo. Por el contrario, son recibidos como «sermoneo», lamentaciones, y auto-conmiseración. A veces hasta son vistas con mirada hostil. Cada hombre parece que poseyera un mecanismo secreto en el centro de su cerebro que le permitiera evadirse de este tipo de manifestaciones. Una esposa que me escribió una carta, logró expresar el sentir de millones de mujeres: «La falta de comunicación es la causa de mi depresión.» Cuando trato de plantear los problemas y de tratarlos, mi esposo antepone una fría barrera de silencio. Cuando trato de compartir esto con él, se vuelve excesivamente negativo. ¡Es que piensa que realmente no existe ningún problema!»

Este libro no ha sido escrito para el típico norteamericano medio que ha sido tan mal caracterizado en los últimos años. Está muy de moda presentar al marido norteamericano como un idiota, un intolerable y un explotador. Se le presenta como alguien que siente aversión por las mujeres, que es fanático del fútbol, tiene desviaciones sexuales y es centrado en sí mismo y egoísta. Escuchando hablar a algunas mujeres los hombres somos poco menos que reptiles asquerosos. Como yo soy un hombre, también a mí, me afectan tales acusaciones. Pero lo que sí es cierto, es que muchos hombres no entienden las necesidades emocionales de sus esposas. Los hombres vivimos en un mundo distinto que a su vez también tiene sus propias frustraciones. Pero algunos maridos son incapaces de ponerse en el lugar de sus mujeres esforzándose por entender y sentir lo que ellas experimentan. O, tal vez, están tan ocupados en sus propios asuntos que simplemente no las escuchan. Por alguna razón las mujeres tienen necesidades que los hombres no pueden comprender. Ese abismo que es carencia de comprensión, es lo que ha motivado este libro y su título: «Lo que todo marido debe saber acerca de su esposa.»

Las páginas de este libro entonces, están dedicadas a la mujer norteamericana, con referencia especial a su vida conyugal y familiar. Hay soluciones viables para los problemas y frustraciones que las mujeres enfrentan. Y quisiera compartir algunas de esas sugerencias que han sido positivas en la vida de otras personas. Discutimos también la naturaleza de las emociones femeninas, y cómo ellas pueden influir en la vida de la mujer día tras día. En resumen, el propósito de este libro se proyecta al cumplimiento de los siguientes objetivos:

1. Capacitar a las mujeres para que puedan explicar a sus maridos sus necesidades características.

2. Ayudar a romper las cadenas del aislamiento emocional.
3. Proveer claves para una mayor plenitud en la tarea materna.
4. Presentar las más frecuentes causas de la depresión femenina y sus posibles soluciones.
5. Ofrecer respuestas específicas para enfrentar las irritaciones diarias.
6. Proveer vías para el logro de una mayor autoestima y aceptación de sí mismo.
7. Describir el significado real del amor romántico.

Estos son propósitos ambiciosos y suenan tan impotentes como los preámbulos de las constituciones. Sin embargo, es más fácil pegar en el blanco, si conocemos donde está el objetivo. Comencemos pues, con la presentación de las causas de la depresión femenina.

---

1. Proverbios 31:23.

2
Causas de la depresión femenina

Tal vez la conclusión más certera a la que yo he podido arribar en mi experiencia como consejero matrimonial sea ésta: La depresión y la apatía emocional son males muy comunes entre las mujeres. La mayoría de las mujeres adultas parece enfrentar con alguna frecuencia, períodos de depresión, desinterés, cansancio mental, desencanto, o dolencias parecidas. He llegado a denominar este momento como «el desaliento». Cuando alguna paciente llama y me dice: «Doctor, hoy estoy desalentada», ya sé perfectamente lo que me quiere decir.

Por supuesto, la depresión no es una característica exclusiva del alma femenina. Pero ocurre con menos frecuencia entre los hombres, y presenta otras modalidades. Para decirlo más claramente: el hombre se deprime ante casos específicos como pueden ser problemas de negocios, o una enfermedad. Sin embargo, ellos están menos propensos a experimentar ese vago, generalizado y casi inidentificable sentimiento de depresión que con frecuencia acosa a las mujeres. Para las mujeres que son proclives a deprimirse, aún un día nublado, puede ser motivo para un «bajón» emocional o físico.

El impacto depresivo puede ser minimizado algunas veces por un correcto entendimiento de la naturaleza de los ciclos emocionales que enfrentan hombres y mujeres. ¿No le ha pasado a usted que a veces se siente perfectamente bien, y luego se siente deprimido, para volver a restablecerse, y así sucesivamente? Esta fluctuación es normal. Se presenta como una curva sinuosa que puede ir de la cima del entusiasmo a la sima de la melancolía.

Mucha gente no va ni muy abajo en su depresión, ni muy arriba en su entusiasmo. Si trazamos una línea recta que represente la estabilidad emocional, notamos que la distancia de la curva emocional hacia arriba no supera en casi nada a la misma distancia de la curva hacia abajo. Veamos algunos ejemplos: Una persona estable del grupo I no se entusiasma con mucha facilidad por ninguna causa. No grita a pleno pulmón en una cancha de fútbol. Pocas veces se ríe a carcajadas. Recibe con calma tanto las buenas noticias, como las malas. Por otro lado, tampoco se deprime profundamente. Son un tipo de personas muy estable. ¡Y lo son realmente! Se puede confiar en ellos. Serán siempre iguales: Ayer, hoy, y el año que viene.

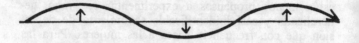

Por el contrario, el tipo núm. 2 de personalidad, son en todo el sentido de la palabra, unos verdaderos «péndulos». Sus reacciones emocionales oscilan, desde el punto más bajo de la melancolía, hasta el más alto del entusiasmo.

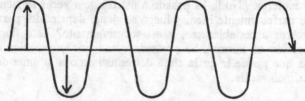

Todos conocemos este tipo de personas que se nos muestran profundamente felices en un momento que las vemos. Se levantan contentísimos y apenas pueden reprimir la carcajada. Son capaces de trinar al unísono con los pájaros o competir en frescura con las flores. Tararean alegremente todo el día y lucen felices y gozosos. Pero esto no les dura mucho. Y cuando empiezan a caer, el colapso es tan grande, que parecen precipitarse en la desintegración total. Piensan que nada les resulta bien, y que no vale la pena seguir viviendo. Parecieran carecer de amigos y que su dolor llenase toda la tierra. Se tornan tan sensibleros que pueden llorar por cualquier cosa. Y por razones conocidas sólo por un pícaro Cupido, este tipo de personas inestables, suelen casarse con gente del grupo I, más estables. ¡Así se pasarán los próximos 40 años, sacándose chispas el uno al otro!

Mi esposa y yo, escuchábamos una orquesta sinfónica durante nuestro primer viaje a Europa. Estábamos en Berlín, y sentado frente a nosotros se hallaba un joven. Posiblemente era estudiante de música en la universidad local. Parecía estar inmerso en una especie de extraño éxtasis durante la primera parte del concierto. Disfrutaba de la música con los ojos cerrados y aplaudía entusiasmadísimo luego de cada interpretación. En la pieza final, antes del intermedio, parecía estar loco de felicidad. Uno podía pensar que su equipo favorito acababa de anotar el tanto de la victoria, que le aseguraría el campeonato mundial. Gritaba: «¡Bravo, Bravo!» y vitoreaba al director. Pero aunque usted no lo crea, durante la segunda parte del concierto parecía estar enfermo. Se hundió en su asiento, rechifló a la orquesta, y demostró una total inconformidad a todo lo largo del resto de la audición. Finalmente se levantó y se fue al pasillo. Se paraba en la punta de los pies, zapateaba, y mientras la orquesta interpretaba la Quinta Sinfonía de Beethoven abandonó el teatro, muy enojado. Aunque jamás vi, ni antes ni después, a este joven, luego de haberlo observado puedo afirmar que pertenece al tipo de personas muy inestables emocionalmente. Su ferviente entusiasmo de la primera parte, contrastó notablemente con la exaltada oposición de la segunda. ¡Francamente, me divertí mucho más con sus excentricidades que con el concierto mismo...! Pero no quisiera tenerlo de cuñado... a propósito: ¿no tendrá la esposa de algún lector, una historia parecida que contarnos respecto a su propio marido?

Esto nos ayuda para entender la naturaleza del ciclo emocional del ser humano. Algunas situaciones nos conducen a los extremos del optimismo y otras nos arrastran a la profundidad de la melancolía. Hace un año, mi esposa y yo compramos un nueva casa. Habíamos esperado muchos años hasta poder comprar la propiedad que queríamos y nos encontrábamos muy complacidos, cuando cerramos el trato y la casa empezó a ser nuestra. El alborozo que nos embargaba se prolongó por varios días. Durante ese tiempo, mi esposa y yo, tuvimos la oportunidad de charlar sobre la experiencia que estábamos viviendo. Le dije a ella que habíamos estado muy entusiasmados, pero que nuestra excitación no podría continuar indefinidamente. Las emociones no se mantienen en su cúspide por mucho tiempo. Lo más probable era que nuestro alborozado sentimiento decayera hasta un nivel muy bajo en un futuro cercano. Como esperábamos, algunos signos de depresión se dejaron sentir unos tres días más tarde. La casa ya no nos parecía tan hermosa y digna de entusiasmo. Pero como lo habíamos previsto con anterioridad, reconocimos y aceptamos esa temporaria fluctuación emocional, en el momento en que se presentó.

Su propia depresión puede hacerse más tolerable, si usted logra entenderla como algo relativamente predecible. Puede aparecer a continuación de un día de fiesta, luego del festejo de cumpleaños de un hijo; después de un ascenso en el trabajo; o aún inmediatamente de unas merecidas y felices vacaciones. La causa de este fenómeno es particularmente física en su naturaleza. El entusiasmo consume una gran cantidad de energía física. Todos los sentidos corporales se ponen en actividad y aceleran su ritmo. La necesaria consecuencia de esto es la fatiga y el cansancio posterior que pueden conllevar una cierta depresión. Así es natural que a la cumbre continúe el valle. Lo alto siempre precede a lo bajo. Este sistema está gobernado por leyes psicológicas. Usted puede confiar en ellas. Porque en los individuos sanos —gracias a Dios—, el valle también abre el camino hacia la cumbre. Lo bajo siempre precede a lo alto.

Volviendo al tema anterior, no es esta fluctuación

«normal» alto-bajo y viceversa, lo que nos interesa ahora. Más bien es esa tendencia de muchas mujeres a permanecer sumidas en el estado depresivo, mucho más tiempo de lo normal. En vez de hacer una fluctuación normal, algunas personas suelen sumirse en la melancolía y el desaliento por dos o tres semanas cada mes.

Algunas se hunden totalmente en la profundidad de su depresión, por años y años, sin salir jamás de ella. El hecho de que esta situación se reitere con mucha frecuencia en mi experiencia profesional, me ha llevado a explorar sus causas y sus posibles soluciones.

Pero antes de intentar resolver los problemas, es menester entenderlos. Por ejemplo, el pernicioso virus de la pjoliomielitis, tuvo que ser identificado y aislado, antes que el doctor Jonas Salk, pudiese inventar la vacuna necesaria para combatirlo. De igual forma, es preciso identificar y señalar las causas precisas de los inexplicables períodos de depresión femenina. A través de muchas sesiones de consejo matrimonial, pude observar que las mismas irritaciones y frustraciones eran expresadas por muchas mujeres de distinta edad, posición social y económica. En realidad existen unos diez problemas que fueron mencionados con tanta frecuencia que terminaron siendo muy familiares para mí. Tuve que escucharlos repetidas veces hasta memorizar las circunstancias características que producen cada tipo de irritación. Entonces preparé un sencillo cuestionario titulado «Causas de la depresión en la mujer», en el cual incluí estos problemas. Más tarde le pedí a cerca de 75 mujeres, que de acuerdo a su propia experiencia, me señalaran cuáles serían las fuentes principales de la depresión. Las mujeres debían marcar en una escala de 1 a 10 partiendo del problema principal, hasta señalar también los problemas secundarios. Tabulando los resultados, resultó muy fácil determinar cuáles eran las fuentes de depresión más influyentes en las mujeres entrevistadas.

Aunque mi encuesta no reúne todas las exigencias de una rígida investigación científica, resulta interesante saber algo acerca de las mujeres que contestaron el cuestionario: Las 75 mujeres entrevistadas eran casadas. Sus edades fluctuaban entre los 27 y los 40 años. El promedio podría ser de 32 años de edad. La mayoría todavía tenía niños pequeños a los que debían atender. Muchas de estas mujeres profesaban pertenecer a la fe cristiana y formaban parte de la clase media suburbana. Cada una de ellas contestó el cuestionario en completo anonimato. No se escribió ni el nombre, ni ningún otro dato de identificación. La misma encuesta fue presentada y discutida recientemente con 5.000 mujeres que participaban en un congreso sobre la vida familiar, y se confirmó la validez de las conclusiones originales.

Presento los resultados de la encuesta en las páginas siguientes. Las causas de la depresión aparecen en el mismo orden en que las señalaron más de la mitad de las mujeres entrevistadas.

Las respuestas del grupo restante, fueron muy similares, pero no idénticas a las del primer grupo. Antes de continuar leyendo, le sugiero que responda a la encuesta usted mismo. Las entrevistas podían tener dos ejemplares del cuestionario y responder en la siguiente forma: La primera vez, marcarían de acuerdo a su propia experiencia. La segunda vez lo harían pensando en cómo responderían todas las demás mujeres como sexo. Tal vez, algunos lectores masculinos se animen a hacerlo en la segunda forma, es decir, pensando en cuál podría ser la respuesta de las mujeres.

CAUSAS DE LA DEPRESION EN LA MUJER

Por favor, señale de uno a diez, las siguientes fuentes de la depresión, en el orden en que usted las ha experimentado. No escriba su nombre.

Factor irritativo	Puntaje personal	Puntaje sugerido
1. Ausencia de romanticismo en el matrimonio	———	———
2. Conflictos con parientes cercanos	———	———
3. Subestimación propia	———	———
4. Problemas con los niños	———	———
5. Dificultades económicas	———	———
6. Soledad, incomunicación, aburrimiento	———	———
7. Problemas sexuales en el matrimonio	———	———
8. Molestias menstruales y de tipo psicológico	———	———
9. Fatiga y vida apresurada	———	———
10. Envejecimiento	———	———

3
La subestimación

Créalo o no, la subestimación propia fue señalada como el más grave problema que acosa a las mujeres que respondieron a la encuesta. Más de la mitad de ellas lo colocaron a la cabecera de la lista, y casi el 80 % lo ubicó entre los cinco primeros lugares. Este hallazgo está en completa coincidencia con mis propias investigaciones y expectativas al respecto. Aun en mujeres sanas y felizmente casadas, la subestimación propia, el complejo de inferioridad, y la falta de confianza en sí mismas, están asentados en lo más profundo de la personalidad, y provocan hondas raíces de amargura. Estos problemas afloran con frecuencia en sólo cinco minutos de consulta especializada. Sentimientos de inadecuación; falta de confianza en sí mismas, subestimación; subvaloración de las potencialidades personales; son toda una forma de vida, o mejor, un estado de constante desesperación, para millones de mujeres en norteamérica.

¿Pero, qué significa la subestimación de sí mismo?

¿De dónde surge este arraigado sentimiento de inadecuación? Tal vez, yo pueda expresar los conflictos y ansiedades que bullen en lo profundo de una mente insegura: Una mujer se encuentra sola, sentada en su casa, durante las apacibles horas de la tarde. Y empieza a preguntarse porqué no suena el teléfono... comienza a angustiarse porque no tiene «amigos verdaderos»... Muestra gran ansiedad por hablar con alguien «de corazón a corazón», pero no cree que exista tal persona digna de su confianza. Esta mujer piensa: «La gente me querría si me conociese verdaderamente.» Sin embargo, se muestra aterrorizada cuando habla ante un grupo de amigos, y al volver a casa piensa que ha hecho el papel de tonta. Es muy infeliz al imaginarse que otras personas pueden tener más talento y habilidad que ella. Se mira a sí misma como terriblemente fea, y poco atractiva sexualmente. Comienza a sospechar que ha fracasado como esposa y como madre. Está constantemente insatisfecha consigo misma, y desearía con todo el corazón ser otra persona. Se siente poco amada, y poco digna de ser amada. Vive solitaria y triste. Sufre de insomnio y se pasa las noches rumiando su carencia de afecto. Padece de una intensa autoconmiseración. En medio de la oscuridad se seca las lágrimas que fluyen a sus ojos. ¡Esto es la depresión!

Seguramente existen lectores que afirmarán no haber tenido jamás una experiencia como ésta que he descrito. Hay mujeres que en su infancia fueron algo así como superestrellas. Hermosas cuando niñas, brillantes en su escuela primaria, líderes juveniles en la secundaria, reinas en la casa y amigas de todo el mundo. Pero son muy raros aquellos que jamás han enfrentado la desazón de la inferioridad. Y ésta es la misteriosa fuente de depresión femenina que se oculta como un amargo secreto. Por eso, para una gran mayoría, la identificación con este tipo de cárcel emocional será un acto instantáneo. ¿No lo ha sentido usted jamás? ¿No ha experimentado nunca la sensación de sentirse infeliz y fracasado en la vida? Si lo ha padecido, entonces lo que sigue a continuación le será de gran utilidad para la solución de tal problema y le ayudará para sus necesidades.

Hemos afirmado que la subestimación propia es frecuentísima actualmente entre las mujeres. Este hecho lo acabo de confirmar hace pocos minutos. Empecé a escribir este libro en una tranquila biblioteca pública cerca de nuestra casa, pero lejos del teléfono. Sin embargo, la bibliotecaria me acaba de interrumpir para decirme que una socia había estado tratando de localizar uno de mis libros: «Esconder o buscar» (Hide or Seek). Y deseaba saber si podía hablar unos minutos con ella. Era una hermosa mujer de unos 45 años, y me estaba esperando en la mesa de entrada. Luego de presentarse me dijo: «He estado tratando de localizar y leer su libro porque sé que trata acerca de la subestimación. Me encuentro constantemente deprimida por mi propia ineficacia y esperaba que alguno de sus escritos pudiera ayudarme». Estuvimos hablando una media hora, y ella me describió las mismas ansiedades y frustraciones que yo intentaba presentar en el libro al momento de la interrupción. Si hubiese grabado aquella conversación, ahora podría presentar un buen resumen de todos los síntomas que tengo que oír frecuentemente en boca de mujeres de todas las edades. Y es así cómo sus frustraciones me han llegado a ser familiares.

Por cierto, no quiero dar la impresión de que la subestimación propia es exclusivamente una característica femenina. Muchísimos hombres se sienten tan inseguros e infelices como sus congéneres del bello sexo. Porque la subestimación es una amenaza para toda la especie humana. Afecta a los niños, a los adolescentes, a

24

los adultos, y a gente de todo nivel económico, social, cultural o racial. Cualquiera que se sienta inferior a los demás puede verse sumergido en ella. Cerca del 90 % del concepto que tenemos de nosotros mismos está construido justamente con lo que los demás piensan de nosotros. Y si todo el mundo parece creer que yo soy un ineficaz, inútil, holgazán, pesado, improductivo e indeseable, obviamente mi propia estimación se vendrá abajo.

Un viejo proverbio reza: «Nadie soporta que no es necesario». Cuánta sabiduría encerrada en una sola frase. No es extraño entonces que muchos hombres desarrollen un cuadro depresivo unos meses después de jubilarse. Precisamente, el saber que su etapa laboral ha terminado, acelera el proceso depresivo. Un médico muy conocido afirmó recientemente que «un hombre que supone que su vida carece de propósito o dignidad, no vivirá más de un año y medio». Igualmente, los más hostiles y rebeldes entre los jóvenes, son aquellos que se encuentran profundamente descontentos con lo que son, y lo que serán en el futuro.

Si la subestimación personal es así de penetrante en todas las capas sociales, entonces ¿por qué yo enfatizo su impacto específicamente en la mujer? Porque este complejo de inferioridad tiene proporciones epidémicas entre el sexo femenino en la actualidad. Las tradicionales responsabilidades de la mujer han sido objeto de burla y menosprecio. Los niños deben ser criados y es necesario mantener la estabilidad hogareña, pero las mujeres que son lanzadas a esta tarea, frecuentemente se ven a sí mismas con inocultable desencanto. Para entender este proceso, pongamos un ejemplo imaginario: Supongamos que se empiece a considerar la profesión de odontólogo como algo muy impopular. Imaginemos que cada revista traiga uno o dos artículos refiriéndose a «esa estupidez de los que se dedican a cuidar los dientes», y que todo se presenta como algo tonto y disparatado. Incluso la preocupación de los dentistas por el consumo excesivo de la goma de mascar. Pensemos que los dramas, avisos y comedias de la televisión enfocan sus baterías contra el mismo asunto. Supongamos que se toma con humor la muerte del dentista, y que toda la población se sintiese más tranquila con su desaparición. Supongamos que los hombres que se dediquen a esta actividad sean excluidos de toda otra relación social, y que sus esposas sean ignoradas en cualquier reunión a la que concurran. Supongamos que los dentistas tuviesen tremendas dificultades para encontrar ayudantes, porque ninguno quiere trabajar con un hombre que se dedique a manipulear con los «sucios dientes» de la gente. ¿Qué podríamos esperar si toda la sociedad estuviese menoscabando constantemente la odontología como profesión? Sospecho que muy pronto tendríamos serias dificultades para encontrar alguien que nos hiciese un tratamiento dental o que nos extrajese una muela dolorida.

La ilustración es exagerada, admitámoslo, pero la analogía con la situación del ama de casa difícilmente puede estar equivocada. Las hemos convertido en motivos de bromas, y en protagonistas de chistes de humor negro, hasta el extremo en que ya no tenemos más de qué reírnos de ellas. En muchas charlas a grupos familiares en distintos lugares me he topado con la gran frustración que expresan muchas mujeres que se sienten ineficaces y tontas, por el solo hecho de ocuparse en labores domésticas. Y aquellas que se dedican a faenas hogareñas son frecuentemente ridiculizadas en las revistas como «supermamás». Como si lo anterior fuera poco deben escuchar con frecuencia la opinión del común de la gente: «Estas mujeres a las que les gustan los deberes y responsabilidades de un hogar son un poco raras...»

Tuve la oportunidad de hablar en un programa radial la semana pasada en Los Angeles. Durante dicho programa, la moderadora, una militante del movimiento de liberación femenina afirmó: «Resulta virtualmente imposible que una mujer sea feliz en el hogar». Y toda la gente que sostiene este punto de vista se han encargado de proclamarlo por todas las vías posibles. A través de la televisión, las revistas, los radios, diarios, libros y novelas. Así tratan de menoscabar en todas las formas la confianza y satisfacción que la mujer podría obtener de su permanencia en el hogar. No es para sorprenderse entonces, que muchas mujeres se hallan enfrentado con la triste idea de que «ya no son necesaria». ¡Tendrían que ser sordas, mudas y ciegas para no haber captado ese mensaje!

Pero la declinación de la propia estimación, entre las mujeres, tiene otras causas también. Un factor de gran significación está relacionado con la forma como nuestra sociedad magnifica la belleza. Ya he tratado este tema en mi libro «Esconder o buscar» (Hide or Seek), y no tengo espacio para volver sobre el asunto. Pero es suficiente con decir que el atractivo físico, o la pérdida de él, causa un profundo impacto en la estimación personal de la mujer. Resulta muy difícil separar el aprecio de uno mismo, de la belleza de su propio cuerpo. Una mujer que se piensa fea casi siempre está dispuesta de antemano a sentirse inferior a sus semejantes. Esta presión se acentúa mucho más en una sociedad tan erotizada como la nuestra. No es razonable que los fundamentos de una cultura descansen sobre los pilares del sexo, pero en la nuestra sucede así. ¿Resulta inverosímil entonces que nos dediquemos a premiar la belleza y a castigar la fealdad? Cuando el sexo adquiere tal significación, entonces todo aquel que posee poco atractivo físico, necesariamente comienza a atormentarse. La angustia se refiere a sus pocas posibilidades de competir eficazmente en el «mercado de la belleza». Porque la mujer se descubre a sí misma en bancarrota justamente en el aspecto más valorado por el ambiente. Y millones de seres humanos han caído en esa trampa.

La propaganda ha contribuido enormemente a la convicción de que la más pequeña imperfección física debe ser causa de alarma y malestar. ¿No ha leído usted en alguna revista el anuncio de aquella «mágica crema» que promete eliminar esas «horribles arrugas de la edad»? Y muestra una escena de cuatro mujeres de edad madura, una de las cuales se ha descubierto una arruga y se siente muy avergonzada. La palabra «horrible» es siempre usada para describir tal situación. Pero hablando francamente, es preciso saber que en relación a todos los demás problemas humanos, una arruga más o menos, carece de la más mínima importancia. Sin embargo, cada mujer de edad madura que ve este anuncio comenzará a mirarse en el espejo. ¿Cómo podría ella enfrentar tal desgracia? ¡Es horrible, sin duda alguna! Sembrando en las mentes humanas toda esa clase de tonterías, los vendedores nos han conducido a sentirnos inferiores e inadecuados ante la más mínima imperfección física.

Una tercera fuente de la subestimación entre el sexo femenino norteamericano se refiere al cociente de inteligencia. Para decirlo rápidamente, las mujeres han terminado por sentirse tontas y estúpidas. Los psicólogos saben desde hace mucho tiempo, que entre hombre y mujer no existe una diferencia fundamental en cuanto a la inteligencia y capacidad. Pueden surgir áreas de mayores posibilidades para uno u otro sexo: Los hombres logran puntajes más altos en matemáticas y en razonamiento abstracto. Pero las mujeres se distinguen en idiomas y en todas las materias que requieran capacidad verbal. Sin embargo, cuando las capacidades personales son combinadas y evaluadas, ningún sexo logra una clara superioridad sobre el otro. Desconociendo esta verdad, las mujeres se encuentran más inclinadas que los hombres a dudar de su propia capacidad mental. ¿Por qué? No lo sé, pero es un factor importante en la pérdida de la estimación personal.

Curiosamente, en referencia a ellos mismos, los hombres tienden a valorar más la capacidad intelectual, que el atractivo físico. Pero ambas cualidades son altamente codiciadas. En cuanto a las mujeres, por el contrario, el punto de vista opuesto es lo más común: la belleza se cotiza más que la inteligencia a todo lo largo de la vida. Y la razón por la cual un buen número de mujeres desearían ser más bellas que inteligentes, es porque suponen que la mayoría de los hombres vemos mejor de lo que pensamos. (Sin querer ofender a los hombres.)

En realidad, la subestimación femenina puede estar basada en cientos de causas. Muchas de ellas ligadas en una forma u otra, a su vida familiar infantil. El adulto que cuando era niño se sintió despreciado o rechazado, jamás podrá olvidar completamente tal experiencia. Así como nuestra lengua siempre tiende a tocar el lugar del cual se nos ha caído un diente, así la mente humana constantemente escarba y quiere retornar a las evidencias de su propia dignidad. La persona que como niño se ha sentido inferior, construye para el futuro, un aparato mental depresivo.

Pero, ¿cómo reaccionan las mujeres frente al problema de la subestimación personal? Este problema no se puede ignorar, como no se puede pasar por alto un fuerte dolor de cabeza. El sentimiento de inferioridad es tan intenso y absolutista que absorbe la total atención de aquel que lo padece. Y así, día tras día, la conducta personal es condicionada por las necesidades

29

del ego. Estas necesidades son más fuertes que cualquier otro factor de la experiencia humana, incluyendo aún al sexo. Las mujeres que se sienten inferiores buscan salidas para enfrentar tal problema. Y las dos vías más comunes, resultan en dos tipos de conducta. La lectora femenina podrá identificarse con su propio itinerario con la descripción que haremos de estos dos tipos de comportamiento:

1. *La timidez*

Durante el otoño de 1966 yo acepté trabajar con el equipo de médicos del hospital de Los Angeles. En la mañana de mi incorporación se me pidió que asistiera a una sesión de «orientación general». Cualquiera que haya trabajado alguna vez en este tipo de instituciones conocerá algo de las características de este tipo de sesiones. Se informa a los nuevos empleados acerca del manejo de los teléfonos, los derechos sociales, la jubilación, los beneficios salariales en tiempo de enfermedad, etc., etc. ¡Como se lo imaginará el lector, estas reuniones son aburridísimas! Pienso que son planeadas así por el personal que tiene a su cargo la incorporación de nuevos empleados para desalentar a los candidatos. Yo me imagino un aviso puesto en la sección de clasificados de un diario: «Se busca director de una sesión de orientación. Debe poseer voz monótona, desinterés en la vida, y capacidad de hablar mientras bosteza. Si alguien posee sentido del humor, por favor no acudir. Diríjase a la señorita Ramírez en la sección de personal, luego de que ella haya dormido la siesta de la mañana.»

Como cualquier otro invitado concurrí a la sesión de orientación sin mucho entusiasmo. Me enviaron a un salón y llegué algunos minutos antes de la hora prevista. Había doce personas para ser «orientadas» aquella mañana, y justamente las otras once eran mujeres. La gran mayoría de ellas muy jóvenes, entre los 18 y 19 años de edad. Posiblemente éste sería su primer empleo como secretarias o auxiliares administrativos. Francamente, el ambiente se encontraba muy frío aquella mañana. Las primeras horas de un nuevo trabajo intimidan a cualquiera, y con toda seguridad reinaba gran tensión entre las chicas. ¿Nunca se halló usted en un salón pequeño donde hay doce personas y ninguna se anima a hablarle a la otra? Es algo tremendo. Me hizo recordar la escena de la gente que va viajando en un ascensor. Todos miran ansiosamente hacia la pantalla donde van apareciendo los números de los pisos, como si fuese a surgir de allí una noticia importantísima. Tal era la atmósfera que prevalecía aquella mañana de nuestra reunión. Si una chica susurraba algunas palabras a otra, todas se acercaban para escuchar de qué se trataba. En consecuencia, nadie hablaba a menos que se le obligara a hacerlo.

La única esperanza de sobrevivir a las actividades que vendrían radicaba en el descanso que tomaríamos cuando sirvieran el café. Miré en derredor del salón y divisé, en un rincón, una mesa que tenía encima un frasco de café. No sé por qué razón, pero nuestra directora, aparentemente, fallaba en su cálculo del tiempo. Todavía ella no había mencionado el café, pero todas podíamos oír la cafetera hirviendo y exhalando aromático olor. La fragancia del café invadía todo el cuarto, y me di cuenta que las mujeres estaban pensando en el momento de tomarlo. Cuando la «orientadora» hablaba, ellas daban vuelta a la cabeza y miraban hacia la mesa. Para colmo, al lado de la cafetera había varias docenas de buñuelos ordenados cuidadosamente. A cada momento crecía nuestra atención... pero dirigida hacia la mesa del café.

Nuestra «orientadora» aparentemente no captaba el

profundo deseo del grupo. Estaba parada en su plata-
forma y ya iba por la mención del punto número 42
del temario. Luego de un interminable período de una
hora o más, dijo con entusiasmo: «Bueno, amigos,
creo que nos vendría bien un descanso, vamos a comer
algo». Pero intentó organizar el asunto. Obviamente,
lo tenía pensado de antemano. No estaba dispuesta a
permitir que el grupo se abalanzara sobre la mesita
del café. Así que pensó que lo más conveniente sería
pasar de uno en uno y por turno. Yo me encontraba
sentado en un extremo de la mesa que tenía forma de
herradura, y había una chica sentada en el otro extremo.

—¿Desearía ir a tomar su taza de café? —preguntó a la primera chica. Pero esta jovencita, indudablemente se hallaba muy nerviosa ante las perspectivas de
su nuevo trabajo. Recorrió el salón con los ojos, volvió
a mirar a la orientadora y contestó muy suavemente:
—No, gracias, no quiero café, ya he tomado.

Yo sabía muy bien lo que ella estaba pensando. Existen muchas formas de hacer el ridículo cuando uno actúa delante de otras personas. Se podría tropezar y caer durante el trayecto hacia la mesa. La llave de la cafetera se podría trabar, o ella se podría quemar al servirse. Existían en realidad muchos peligros en la ejecución del asunto. Y así evadió el desafío. Estoy seguro que prefería esperar que otra fuese primero, y mientras tanto prepararse mentalmente para ir a buscar su taza sin ningún peligro. La observé con simpatía.

La impávida «orientadora» decidió continuar con su plan original. Se dirigió a la segunda chica, sentada en la posición B.

—¿Desearía ir usted a tomar su taza? —preguntó. La chica aludida evaluó el peligro, se dio cuenta que enfrentaba la misma situación que la primera y aún peor. «El grupo» había «hablado» a través de la primera chica diciendo: «No tomaremos café hoy». La presión era muy grande, y entonces respondió con timidez:

—No, gracias.

La tensión aumentaba a cada segundo. Todas las demás chicas declinaron la invitación a tomar el café. ¡Yo no lo podía creer! Allí estaba la cafetera hivriendo y exhalando rico olor, y había deliciosos buñuelos que nos estaban esperando. Era como encontrar un oasis en medio del desierto árido, y la caravana estaba rechazando el tomar agua para refrescarse. El ofrecimiento dio vuelta a todas las que estaban sentadas a la mesa, y ninguna aceptó ir a buscar el café. Cuando me llegó el turno dije:

—¡Claro que deseo tomar una taca de café! —Me paré y empecé a caminar alrededor de la mesa hacia la cafetera... ¡y las once mujeres se levantaron detrás de mí! Cuando miré hacia atrás, el grupo entero me seguía los pasos. Gentilmente les cedí el primer lugar a las chicas y luego me costó más de 15 minutos poder alcanzar mi taza.

¿No es asombroso el temor que a veces nos causan los demás? Temblamos ante cualquier cosa que nos pueda acarrear el ridículo delante de los otros, aun cuando el acto en cuestión no tenga que ver nada con la moral o carezca de la más mínima importancia social. Como en el caso anterior, preferimos la línea del menor esfuerzo, aunque por dentro debamos reprimir el deseo de tomar una buena taza de café con buñuelos. La miedosa auténtica, temblará de terror ante cualquier situación. Nunca hablará ante un grupo a menos que el tema sea totalmente intrascendente. Y revisará cuidadosamente la idea que va a expresar. Jamás enfrentará ningún peligro en la sociedad, a menos que sea absolutamente necesario. Pasará mucho tiempo sola y eludirá cualquier actividad que conlleve la amenaza de una prueba. Observará las situaciones desde afuera, pero muy raramente, en privado o en público, se expondrá a la consideración de los demás. Será excesivamente humilde. (Jackie Vernon dijo: «Los humildes heredarán la tierra, porque serán demasiado tímidos para rechazarla». Creo que tiene razón.)

Y por supuesto, la parte más dolorosa de la timidez es la autocompasión, que siempre la acompaña. Un intenso dolor personal es el estado constante de tal forma de vida. Existe un pensamiento obsesivo que martillará a todas horas en la mente, «Tendrás algún contratiempo» o nunca lo podrás hacer bien» o «no sé lo que me podría suceder» y «¿Por qué? ¿Por qué? ¿Por qué?» El que se compadece a sí mismo, aun elige a sus amigos para que le acompañen en su diaria tragedia de autoconmiseración.

El hecho de sentir lástima por sí mismo es un hábito. Y se torna grandemente contagioso. Tiene la capacidad de esparcirse como un fuego dentro de la familia, los amigos o en la congregación de la iglesia. Deja a sus víctimas cansadas, desanimadas, exhaustas. Las hace sentirse miserables y con mucha frecuencia ese estado de desesperación lleva a las mujeres a su propia destrucción y las empuja al suicidio.

Con todo, la timidez no es la señal más importante de la inferioridad. Es la más agobiante, pero la menos efectiva de todas las defensas del ego. En realidad ni siquiera es una defensa. Por siglos, sin embargo, la timidez ha sido la característica más común de la personalidad femenina.

2. *La agresividad*

Recientemente fui invitado a participar en un programa de televisión en Los Angeles, para discutir el tema de la autoestima en las mujeres. Nadie mencionó el hecho de que alguna otra persona sería invitada a participar conmigo en la entrevista, por lo que supuse que estaría solo. Cuando llegué al estudio fui conducido a un salón donde me presentaron a otra mujer que fue identificada como «la otra invitada». Luego de mascullar un «hola», se hundió en su sillón, no volvió a mirarme ni a dirigirme la palabra a menos que yo le hiciese alguna pregunta. A través de su ceño adusto se dejaba entrever que no era una persona muy simpática como para compartir con ella una charla frente a las cámaras. Entonces fijé mi atención en el gran medallón de bronce que le colgaba del cuello: tenía el grabado de un puño levantado, símbolo tradicional del movimiento de liberación femenina. En ese momento sospeché que «la otra invitada» y yo podíamos tener opiniones muy distintas. (Traté de poner mucha atención a cualquier cosa que me pudiera proporcionar pistas, de todo lo que se tramaba alrededor mío.)

—¿De qué se ocupa usted? —le pregunté con genuino interés.

—Soy activista en grupos femeninos —me contestó.

Pero su maxilar firmemente cerrado me dio a entender que no deseaba darme más detalles. Y no volvimos a hablar antes de entrar en el estudio para salir al aire. Durante los 30 minutos de programa que siguieron, esta mujer vertió todo su odio y su veneno en contra de los hombres, en forma pública. Reiteró hasta lo último todas las afirmaciones conocidas de las militantes feministas y atacó todos los conceptos tradicionales acerca del hogar, el cuidado de los chicos y el matrimonio. Yo presenté el punto de vista contrario y aclaré que la ira y la hostilidad no eran la mejor solución para los sentimientos de inferioridad e inadecuación.

—¡No! —me contestó en forma vehemente—, nosotras necesitamos sentir ira! —(Busque el final de esta historia más adelante.)

Fue muy claro que el objetivo de mi agresiva compañera era desparramar hostilidad a todo lo largo y ancho del mundo femenino. Ella trasmitía su ira desde la punta misma de los dedos, y me miraba como si yo fuese un fiero perro bulldog. Su plan de propagación del odio hacia los hombres, ya estaba parcialmente financiado, así que ella y sus compañeras del movimiento feminista podían gastar mucho tiempo en actividades para popularizar la aversión hacia el sexo masculino. Pero, ¿de qué fuente proviene el odio de los movimientos feministas hacia los hombres? ¿Por qué la hostilidad ha llegado a ser una característica de muchos movimientos de «liberación»? La causa se centra básicamente en profundos sentimientos de inferioridad. La ira es otra de las maneras de expresar todas las formas de frustración.

36

Mientras que la timidez tiende a extinguir la forma de vida de los que se sienten inferiores, la ira busca manifestarse con toda plenitud. Cada persona que posee un hacha debe usarla cortando la cabeza de sus opresores. Ya sea el movimiento pro derechos civiles de los negros, o la liga sionista, o cualquier otro movimiento de liberación como «Los veteranos contra la guerra» o los de grupos de estudiantes secundarios, suelen ser supremamente hostiles y agresivos. Y cuando los tenemos todos juntos, vivimos en una sociedad sumergida en el torbellino de la violencia. La ira del movimiento femenino se incorpora a la de todos los grupos citados.

Timidez y agresividad son las respuestas más comunes a los sentimientos de inferioridad, pero hay muchas más. Estas dos son importantes en el sentido de que son respuestas extremas al problema. Las podemos comparar a los extremos que alcanza un péndulo que se blancea a través de una amplia gama de posibilidades. Pero estas dos son exageradas y malsanas. Existe una respuesta mejor a los problemas de subestimación, como podremos ver en las secciones siguientes.

SUMARIO

Joyce Landorf, laureada autora de «Su obstinado amor» hizo a muchas personas la siguiente pregunta: «¿Qué cambiaría usted en las mujeres si tuviese una varita mágica para hacerlo?» Mi respuesta, publicada con algunas otras, aparece en su libro «La fragancia de la belleza», y fue ésta:

> «Si pudiese hacer una recomendación a las mujeres del mundo, les recetaría a todas una buena dosis de saludable autoestimación y aprecio por sí mismas. (Deberán tomar tres dosis por día has-

37

ta que los síntomas desaparezcan.) Porque no tengo la más mínima duda que ésta es la máxima necesidad femenina. Si las mujeres se sintieran genuinamente respetadas en su papel como esposas y madres, no necesitarían abandonar los hogares en busca de algo mejor. Si se sintieran iguales a los hombres en cuanto a su dignidad personal, no pretenderían responsabilidades iguales a las de ellos. Si pudieran regocijarse en la posición y dignidad que el Creador les ha asignado, entonces toda su feminidad sería valorada como la más grande bendición. Y no intentarían dejarla abandonada en un rincón como se desecha la ropa vieja. Sin ninguna duda el futuro de la nación depende de cómo veamos a las mujeres. Y espero que podamos enseñar a nuestras niñas a ser felices, sintiéndose elegidas por Dios para el especial privilegio de ser amas de casa, esposas y madres.» (1)

La comprensión de la mentalidad femenina fue verificada a través de mi encuesta acerca de las causas de depresión en la mujer. Las esposas y madres que participaron en la encuesta, no parecían ser víctimas de la subestimación. Aparentemente eran sociables, felices, sonrientes y amigables con todos. Pero cuando se les dio la oportunidad de expresar sus sentimientos más profundos, la inseguridad personal salió a la superficie. Una de estas jóvenes mujeres me vino a consultar, y durante más de una hora trató de expresar como podía, el inexpresable drama de su inferioridad. Ya cerca del fin de nuestra charla, le pregunté si había compartido esos sentimientos de inferioridad con su marido. La respuesta fue muy típica: «¡Llevamos ocho años de casados, pero mi marido ni se imagina cuán inferior e ineficaz me siento yo».

La inferioridad es un sentimiento que tiende a con-

38

servarse en secreto. Pero las esposas desean que sus esposos las comprendan en esto. Tal vez las páginas que siguen a continuación podrían ayudarlas a transmitir ese mensaje.

Preguntas y respuestas

Cada uno de los puntos que aparecen en el cuestionario sobre las fuentes de la depresión femenina ha sido objeto de muchos de mis estudios y lecturas en años recientes. Varios de ellos han sido discutidos con diversas audiencias en sesiones de preguntas y respuestas. En dichas ocasiones surgieron algunos temas específico y mis respuestas aparecen en seguida.

Pregunta. ¿Cómo surgen los sentimientos de inferioridad? Pienso que siempre me sentí ineficaz, pero no puedo recordar cuándo comenzó todo.

Respuesta. No puede recordarlo porque usted dudó de sí misma desde sus más tiernos días de existencia consciente. El niño nace con un irreprimible deseo de examinar su propia dignidad. Esto es tan natural como el deseo de hablar o de caminar. En primer término hace una primitiva valoración del lugar que ocupa en su hogar, y luego ésta se extiende a todas las formas de contacto social que establece más allá de la puerta de su casa. Esta primera impresión acerca de sí mismo, ejerce profundo efecto en el desarrollo de su personalidad, particularmente si la experiencia es dolorosa. No es nada infrecuente que un parvulito ya haya llegado a la conclusión de que es terriblemente feo, increíblemente estúpido y que nadie en el mundo lo ama ni lo necesita. Que es tonto, retraído, o simplemente una persona muy rara para los demás.

Estos sentimientos de ineficacia pueden permanecer relativamente tranquilos y dominados durante los primeros años de escuela elemental. Se agazapan debajo de la mente consciente, pero nunca se alejan de ella. El niño que tiene grandes dudas sobre sí mismo, constantemente acumula evidencias de su propia inferioridad a lo largo de estos años. Cada fracaso es recordado en forma muy vívida. Cada gesto desprovisto de bondad es registrado en su memoria. El rechazo y el ridículo lastiman y hacen mella en su tierna personalidad. Y luego sucede. Entra en la adolescencia y su mundo interior explota desde adentro. Todas las evidencias acumuladas en años pasados resurgen y se propagan en su mente consciente con fuerza volcánica. Será atormentado por ese sentimiento destructivo durante el resto de su vida. ¿Ha experimentado usted lo mismo? (A propósito, yo he grabado unas seis cintas en una colección titulada «Preparación para adolescentes», que tienen como propósito ayudar a los jóvenes a manejar correctamente tales sentimientos.)

Pregunta. Tengo una amiga que estuvo casada durante nueve años, y luego su esposo la abandonó por otra mujer. Pienso que era una esposa amante y devota, sin embargo ella cree que el fracaso de su matrimonio se debe a su propia culpa. Como resultado su autoestima se ha desintegrado y nunca más la ha recobrado. ¿Es ésta una reacción común?

Respuesta. Siempre ha sido sorprendente para mí, observar con tanta frecuencia que la parte engañada del matrimonio, aquella persona que ha sido víctima de la irresponsabilidad del otro, es la que sufre la crisis de culpa e inferioridad. Cuán extraño que uno que trató de mantener la integridad de la pareja ante el rechazo del otro se encuentra a sí misma preguntándose sorprendida: «¿En qué he fallado yo?... Seguramente que no fui capaz como mujer de retener a mi marido... No valgo nada o él no me hubiese dejado... Si sólo hubiera sido una mejor compañera sexual...

Yo lo alejéde mí... No me arreglaba bien... No lo puse a él en primer lugar...»

La culpa de una desintegración matrimonial raramente se puede atribuir a la falla del esposo o de la mujer individualmente. «Se necesitan dos para bailar un tango» reza el adagio, y siempre existe una cierta dosis de culpa compartida en dos personas que llegan al divorcio. A pesar de eso, cuando algún miembro de la pareja quiere justificar su conducta irresponsable al ser sorprendido en una relación extra-matrimonial, o para evadir sus reponsabilidades y obligaciones familiares, recurre usualmente a la magnificación de las fallas de la otra persona. «No tomabas en cuenta mis necesidades, así que tuve que buscar satisfacción en otra persona; es una acusación muy común. Exagerando de tal manera la culpa del otro, él reduce su propia culpabilidad. Para un esposo o esposa que se subestimen a sí mismos estas recriminaciones son aceptadas como hechos verdaderos cuando se los lanzan a la cara: «Sí. Fue mi falla, yo lo hice alejarse de mí...» Así la víctima asume la responsabilidad total por la irresponsabilidad de la otra parte. Y su sentido de dignidad propia se hace añicos.

No le recomendaría a su amiga que se la pase el resto de la vida alimentando un sentimiento de odio hacia el marido que la abandonó. La amargura y el resentimiento son como un cáncer emocional que nos corroe por dentro. Pero si pudiese aconsejarla le animaría a que examinara los hechos en forma cuidadosa. Podría intentar responder las siguientes preguntas: «¿Descontando mis fallas humanas, valoré yo realmente mi matrimonio y luché por conservarlo? Estaba mi marido decidido a destruir nuestra unión y buscó justificativo para sus acciones? ¿Tuve yo disposición para subsanar los problemas que actuaban como factores irritativos? ¿Lo habría conservado junto a mí, si yo hubiese cambiado en todos los aspectos de acuerdo a lo que él quería? ¿Es algo razonable que yo me odie y desprecie a mí misma por todos los acontecimientos que han sucedido?

Su amiga debería saber que el rechazo social engendra inferioridad y autocompasión en proporciones muy grandes. Y el rechazo de alguien a quien uno amó es el más poderoso destructor de la propia estima, dentro de toda la gama de experiencias humanas. Ella necesita que le ayuden a verse a sí misma como una víctima de la situación y no como una infeliz fracasada en el juego del amor.

Pregunta. Usted mencionó la relación que existe entre nuestra estima personal y nuestro propio cuerpo. Yo nunca me sentí bella ni atractiva para el sexo opuesto. ¿Será porque soy tan excesivamente pudorosa que aún me avergüenzo de que me vean en bata de baño?

Respuesta. El pudor tiene tres fuentes de origen: Primero, se origina en nuestra naturaleza caída. Luego del pecado en el huerto del Edén, los ojos de Adán y Eva «fueron abiertos y conocieron que estaban desnudos; entonces cosieron hojas de higuera, y se hicieron delantales». Con algunas variantes de grado para todos los descendientes de Adán, esta sensibilidad acerca de sus cuerpos es inherente a su propia naturaleza.

La actual promoción del desnudismo en público, repele a la naturaleza humana y requiere algún «acostumbramiento» previo de aquellos que lo hacen por primera vez. Escuché a una tonta chica sentada a una mesa cerca de mí en un restaurante, describir su experiencia sexual a varias compañeras. Hablaba en voz alta y en forma muy desenfadada acerca de su «evolución» de una relación heterosexual, a una de tipo homosexual. «Me siento un poco rara caminando desnuda frente a mis amigas —decía ella—, pero estoy tratando de acostumbrarme.» Su propia conciencia, y el pudor que Dios puso en ella estaban siendo violados por las nuevas actitudes que trataba de asumir. Pienso que esta chica deberá pagar un precio muy alto, por las ideas tan «modernas» a las que trataba de adaptarse.

Segundo, el pudor es un producto de la más tierna infancia en el seno del hogar. Hay muchas personas que han sido enseñadas a ocultar su propia desnudez en forma compulsiva delante de los otros miembros de la familia. A veces esa costumbre se lleva a tales extremos que luego perturba las relaciones conyugales. Una posición así, puede perjudicar a una legítima relación sexual que se concreta en un plano de consciente responsabilidad.

La tercera fuente de pudor exagerado, es la que usted ha mencionado y es probablemente la más poderosa. Hay quienes se averguenzan de su cuerpo y se sienten compulsados a ocultarlo de los demás. Uno de los más grandes temores de las alumnas de secundaria, es la de ser desnudadas y exhibidas delante de sus compañeras. Muchachos y chicas por igual, se aterrorizan ante la posibilidad de hacer el ridículo, ya sea por su falta de desarrollo o por su precocidad corporal. Este embarazoso sentimiento es conservado a menudo por gente adulta, junto con ideas acerca de la inferioridad grabadas en la mente. Por ejemplo, una reacción muy común entre mujeres que se sienten poco atractivas es su insistencia en mantener las relaciones sexuales sólo en la oscuridad. Con frecuencia son supremamente inflexibles en este asunto, aún sabiendo que sus esposos dan importancia al aspecto visual y desearían verlas mientras realizan el acto sexual. Indudablemente, en millones de lechos matrimoniales se ha presentado esta discusión acerca de esos diferentes puntos de vista.

También el examen médico es extremadamente molesto para las personas que sufren de pudor excesivo.

Aún para aquellos que son mucho menos sensibles acerca de sus propios cuerpos, un rutinario examen físico puede convertirse en un problema. ¿Quién no se ha sentido un poco molesto, portando una muestra de orina a través de una sala de espera atestada de gente? ¿O qué mujer no se ha sentido como una Lady Godiva, cuando está sentada en la camilla del consultorio para un examen físico?

Pregunta. Conozco una mujer que necesita desesperadamente la compañía de otras personas, pero que sin intención las hace alejarse de ella. Habla mucho y vive quejándose todo el tiempo, lo que hace que la gente eluda su compañía. Sé que tiene un terrible complejo de inferioridad, y yo podría ayudarla si ella me dejara hacerlo. ¿Cómo puedo señalarle sus fallas sin hacerla sentir aún peor acerca de sí misma?

Respuesta. Usted tendrá que comportarse como el puerco espín cuando hace el amor: Andar con mucho, pero muchísimo cuidado. Déjeme ofrecerle un principio general que tiene cientos de aplicaciones en el trato con la gente, incluyendo el caso que usted presenta: *«El derecho a criticar debe ser ganado, aun si la crítica es, en esencia, constructiva.»* Antes de tratar de sugerir algo que pueda afectar la autoestima de alguien, usted está obligada a demostrarle que le respeta como persona. La crítica debe realizarse en una atmósfera de amor, bondad y calidez humana. Cuando usted ha construido correctamente una relación de confianza, entonces habrá ganado el derecho de discutir algún tema de esta naturaleza. Además sus motivaciones aparecerán bien claras en este momento.

El principio enunciado está en total oposición a la tan mencionada manía por la «honestidad». Una mujer está en su propio hogar, y viene otra y le dice: «Huele mal aquí dentro, podrías airear esta casa alguna vez.» O un marido le dice a su mujer: «Querida, no deseo ser indiscreto, pero veo que te están saliendo arrugas debajo de los ojos.» ¿Honestidad? Pero qué precio tan alto hay que pagar por ella a veces. *La honestidad que no tiene el mejor interés de hablar al corazón del oyente, es una forma cruel de autosuficiencia.*

En respuesta a su pregunta específica, yo le sugeriría que invierta unos buenos esfuerzos en construir una saludable relación con su parlanchina amiga. Y entonces vaya haciéndole sugerencias en pequeñas dosis. Y recuerde siempre que alguien, en algún lugar podría desear corregir ciertas fallas de usted misma. Porque todos las tenemos.

Pregunta. ¿Cuál es la droga más usada en norteamérica?

Respuesta. Es el Valium, un sedante muscular con efectos tranquilizantes. El gran consumo de este tranquilizante nos demuestra las grandes tensiones v presiones de nuestra sociedad. Y nos habla de la falta de habilidad de los norteamericanos para enfrentarse con ellas.

Pregunta. Mi esposa ha estado seriamente deprimida por cerca de tres meses. ¿Qué clase de tratamiento le sugeriría usted?

Respuesta. Llévela a un médico clínico tan pronto como sea posible. Esa clase de depresión prolongada puede tener consecuencias físicas y psicológicas muy serias, pero por lo general responde favorablemente al tratamiento médico. Los medicamentos antidepresivos son muy útiles en el control de buen número de casos similares. Por supuesto, la medicación no corregirá las causas que la han precipitado a ella en esa depresión. Y esto nos lleva de retorno a nuestro tema básico.

1. Joyce Landorf .The Fragance of Beauty» (Wheathon II. Victor Books, 1973).

4
Fatiga y vida muy apresurada

«Si pudiese vivir mi vida de nuevo, dudo si tendría la fortaleza para hacerlo» —ha dicho Flip Wilson. Hay muchas mujeres que estarían de acuerdo con él, porque la fatiga y la vida apresurada han sido señaladas en segundo lugar en la lista de las fuentes de depresión femenina. Yo, que he viajado a todo lo largo de los Estados Unidos, desde los grandes centros metropolitanos hasta las apartadas granjas de Iowa, he hallado mucha gente excesivamente ocupada. Corren de aquí para allá hasta terminar agotados. Vivimos en un país de gente enojada y gruñona que corre todo el día y trabaja horas extras por la noche. Y muchos factores externos perturban hasta la tranquilidad de nuestro esparcimiento.

¿Con cuánta frecuencia le dan vueltas en la cabeza un montón de obligaciones que configuran la lista de cosas por hacer, y que sencillamente son imposibles de cumplir? «Tengo que pagar las cuentas esta mañana, y el almacenero no puede esperar un día más. ¿Y mi hijo? Debería estar más tiempo con él de cuando en cuando. Ya ni siquiera parecemos una familia. Tal vez, pueda leerle un cuento esta noche. Y no puedo descuidar mi propio cuerpo, el ejercicio físico es importante y debo dedicar algo de tiempo a eso. Debería hacer los ejercicios que transmiten por la televisión todas las mañanas. Mi examen médico anual todavía no lo he hecho. Y tendría que leer un poco más. Todo el mundo sabe que es necesario mantener activa la mente, así que no debo descuidar la lectura. Si pudiera meterme en la cama una hora más temprano cada noche, disfrutaría leyendo. Y debemos invertir más tiempo en el cultivo y desarrollo de nuestra vida espiritual. En ninguna forma podemos descuidar esa área tan importante de la existencia. ¿Y qué sobre los compromisos sociales? No podemos esperar tener buenos amigos, si nunca disponemos de tiempo para reunirnos con ellos. Los Ramírez nos han invitado en dos ocasiones, y sé que están esperando que nosotros retribuyamos su amabilidad. Tendremos que fijar una fecha determinada y mantenernos en ella, eso es todo. Además hay varias cosas que debo reparar en la casa, y el impuesto a los réditos se vence el mes que viene. Lo mejor sería hacerme un plan para realizar todo esto, y además... Excúseme... Parece que me llaman urgentemente por teléfono...»

De manera que estamos muy ocupados. Todos lo pueden notar. Pero, ¿qué tiene que ver nuestra vida apresurada con la depresión? Precisamente, cada obligación que no cumplimos es una fuente de culpa. Si tenemos muchos compromisos que debemos enfrentar, entonces cada falla deteriora nuestra propia estima. «Realmente, soy un pésimo padre. Y yo también estoy agotada para ser una buena esposa, me siento desorganizada y confusa. Estoy desactualizada y separa del mundo. No tengo amigos verdaderos, y hasta Dios debe estar descontento conmigo.» En verdad, la vida recargada de actividades contribuye en gran medida a la enfermedad mental. Y fue esta fuente de depresión la que las mujeres señalaron en mi cuestionario.

Vinci Lombardi, el gran jugador de fútbol pronunció un inspirado discurso dirigido a su propio equipo al comenzar una temporada. Sus comentarios fueron apropiados para aquella ocasión y también son pertinentes para hoy. Lombardi habló sobre la fortaleza humana y dijo: «El agotamiento físico nos vuelve cobardes a todos». ¡Cuánta razón tenía! El cansancio nos torna menos capaces para enfrentar las travesuras de los niños, el lavarropas que no funciona, y las innumerables y pequeñas irritaciones de todos los días. Además es cierto que «cuando uno está cansado se siente acosado por pensamientos que creía haber superado hace mucho tiempo». Tal vez esto explique por qué las mujeres y los hombres que están recargados de trabajo empiezan a acobardarse, a lloriquear, a lastimar y herir a las personas a quienes aman.

Si la fatiga y la prisa producen tal deterioro en los nervios, ¿por qué nos metemos en tantas cosas que nos mantienen excesivamente ocupados? Es que tal vez algunos piensan que ese ritmo tan agitado es sólo una cosa temporaria. He oído ya todas las razones que se arguyen para «hacer las cosas más duras». He aquí algunas de las más comunes entre las parejas jóvenes:

1. Juan está instalando su propio negocio, y llevará unos cuantos años poder salir adelante.
2. Pedro está en la universidad durante dos años más, así que yo trabajo para contribuir un poco a la economía familiar.

48

3. Nos ha nacido un nuevo hijo, y usted ya sabe lo que eso significa.
4. Acabamos de comprar una nueva casa, y tendremos que arreglarnos nosotros mismos.

Cuando uno los escucha piensa que está lejano el día en que puedan cumplir todas sus obligaciones. Ese ritmo de vida se va haciendo una cosa rutinaria, donde la agitación y la prisa no se acaban nunca. Mi secretaria ha puesto un cartelito sobre su máquina de escribir que dice: «En el momento en que la prisa ocupa el primer lugar, voy derecho a una crisis nerviosa. Yo me la gané y la merezco, y nadie me ayudará a sobrellevarla». El tiempo demuestra que la prisa no debe ser lo primero. Como cantan los Beatles refiriéndose a las mujeres en su pieza «Lady Madonna»: «¡Mírenlas cómo corren!»

Y nadie corre más rápido que la madre de niños pequeños. No sólo corre de la mañana a la noche, sino que sus experiencias le pueden conducir fácilmente a un agotamiento emocional. Porque soporta todo tipo de presiones que la pueden dejar exhausta. Los niños entre dos y cinco años poseen una habilidad increíble para trastornar el sistema nervioso de cualquier adulto. Tal vez se trate solamente de un molesto torrente de palabras que golpean el oído de la madre hasta dejarla rendida. ¿Qué madre no ha sostenido con su hijito una conversación como ésta, un millón de veces?:

Juancito: Mami, ¿me puedo comer una galletita? ¡Eh, mamí! ¿Puedo? ¿Puedo comerme una sola? ¿Por qué no, mamá? ¡Si es una sola! Eh, mami, ¿puedo? ¡Mami! ¿Me puedo comer una galletita, ahora?

Mamá: No, hijo, estamos cerca de la hora del almuerzo.

Juancito: ¡Pero una sola, mamá! ¿Cómo no me voy a poder comer una galletita? ¿Puedo? Después me comeré todo lo que me sirvas en el almuerzo. ¿Puedo, mami? Mi perro también se comería una. A los perros les gustan las galletitas. ¿Tampoco hay para él? ¿Tampoco mi perrito se puede comer una galletita? ¿Acaso no le gustan a los perros las galletitas?

Mamá: Sí, Juancito, supongo que le gustan...

Juancito: Entonces, ¿le puedo dar una galletita al perrito ahora? ¿Y me puedo comer yo una también?

Aunque cualquier mamá se levante con el más alto espíritu de optimismo, una serie de preguntas como la anterior, la convertirán en un haz de nervios antes de que llegue la noche.

Mi esposa y yo observamos este proceso mientras nos encontrábamos sentados a la mesa de un restaurante en Hawai el verano pasado. Una joven pareja y su hijito de cuatro años se ubicaron cerca de nosotros, y el niño disparaba palabras como si fuese una ametralladora. ¡No sé si respiraba esa criatura! Preguntas tontas y comentarios impertinentes le surgían de los labios como de una fuente inextinguible. Era fácil observar el fastidio en los rostros de los padres y se notaba que estaban a punto de estallar ante la incansable arremetida del pequeñín. Finalmente la madre se inclinó sobre el niño y casi sin mover los labios le envió un inequívoco mensaje entre sus dientes semiapretados: «¡Silencio! ¡Silencio! Ni una sola palabra más. Si dices algo más te aseguro que voy a explotar». Nosotros quisimos sonreírnos, pero su frustración nos era muy familiar. Esa joven madre nos dio a entender que aquel niñito la venía atormentando con su cháchara desde hacía dos años, de la mañana a la noche. Y que la estabilidad nerviosa de ella estaba a punto de estallar. Cuando abandonamos el restaurante tomamos en dirección opuesta a la de ellos y alcanzamos a escuchar: «¿Quiénes son esos, mamá?» «¿Dónde los conocieron ustedes?» «¿Quién es esa pareja, mamá?»

Las madres de niños menores de tres años necesitan especialmente el amoroso apoyo de sus maridos. Esto ha sido necesario en nuestro hogar. Recuerdo bien aquel día en que mi esposa puso a Ryan, que tenía 14 meses, sobre la mesa para cambiarle los pañales. Tan pronto como le quitó la ropa, el niño orinó y manchó hasta la pared. No bien Shirley había terminado de limpiar, cuando sonó el teléfono. Mientras ella hablaba, Ryan sufrió un «ataque de diarrea» y ensució la cuna y el resto de su ropa. Mi paciente mujercita bañó al niño, limpió la ropa y el piso y ya estaba a punto de caer rendida. Cuando ya Ryan estaba cambiado, ella lo alzó y amorosamente lo apoyó en su hombro. Entonces, la criatura le vomitó encima todo el desayuno que había tomado. La ensució a ella, y se manchó él también. Shirley me dijo esa tarde que pensaba replantear sus responsabilidades hogareñas, para ver si días como ése se podrían describir con letras de molde. Sobraría decir, amigos, que aquella noche toda la familia fue invitada a cenar afuera...

Ninguna presentación acerca de la fatiga de las madres sería completa si no mencionáramos las horas de la tarde. Estas son, indudablemente, las partes más duras del día para las mamás de niños pequeños. Mucho se ha escrito últimamente acerca de la crisis mundial de energía, pero nada hay comparable al «bajón» de energía que experimenta una mujer entre las 18 y las 21 horas. El momento de cenar se acerca; y los platos están sin lavar. Ella se siente cansada pero es ahora cuando debe lidiar con los chicos para mandarlos a la cama. Tiene que bañarlos; lavarle los dientes; ponerle los pañales; leerles un cuento; y orar con ellos. Luego tendrá que llevarles cuantos vasos de agua ellos le pidan. Y todo esto no se haría tan difícil si los niños realmente desearán irse a dormir. Pero no. Y desarrollan refinadas técnicas para resistirse y posponer el momento de ir a la cama. Entre los niños está catalogado como un tonto aquel que no logra extender este proceso que normalmente duraría 10 minutos, a más de una hora. Y cuando por fin la madre ha terminado y sale tambaleándose del cuarto, y se recuesta contra la pared, es requerida por su marido que, apasionado, la espera para compartir abrazos y besos en la cama matrimonial. ¡Lindo momento para hacer el amor!

Veamos el problema del cansancio y de la vida apresurada desde la perspectiva de los niños. ¿Cómo enfrentan ellos la vida familiar con su constante y agitado ir y venir? Primero, ellos se dan cuenta de la tensión que existe, aunque los adultos quieran ignorarla o negarla. Un padre me contó que le estaba amarrando los cordones de los gapatos a su hijo, y ni él mismo se había dado cuenta de que trataba de hacerlo lo más rápido posible. El pequeño lo observó cuidadosamente y le dijo: «¿Estás nuevamente apurado, papi?» El flechazo le llegó hasta el corazón. «Sí, hijo, creo que siempre vivimos de prisa», fue lo único que atinó a contestarle con mucho pesar.

El punto de vista infantil fue expresado en forma muy hermosa, por una niña de nueve años que escribió acerca de lo que ella creía era una abuela. Esta redacción fue publicada por la enfermera Juanita Nelson y apareció en el boletín de empleados del Hospital infantil de Los Angeles. Pienso que usted apreciará la increíble profundidad de los conceptos expuestos por esta niña de tercer grado:

¿QUE ES UNA ABUELA?

Una abuela es aquella mujer que no tiene niños propios. Le gustan los hijos de las otras personas. Un abuelo es como una abuela, con la diferencia que él es un hombre. Le gusta caminar con sus nietos, y que ellos le hablen de pesca, y de toda clase de pequeñeces.

La abuela no hace nada, excepto lo que se le presente. Es vieja, de manera que no puede jugar fuerte o correr rápido. Así que basta con que nos lleve al supermercado a cabalgar en los caballitos mecánicos. Y siempre tendrá las monedas listas para irlas poniendo a fin de que sigan funcionando. Y si nos saca a caminar, irá lentamente pisando las hojas caídas de los árboles. Jamás la abuela dirá: «Vamos, chicos, andad rápido».

Por lo general, las abuelas son gordas, pero siempre se las arreglan para poder atarnos los cordones de los zapatos. Usan anteojos y ropa muy graciosa. Y se pueden sacar los dientes y mostrártelos.

Las abuelas no son personas brillantes. Sólo tienen que responder a preguntas sencillas como: «Abuela, ¿Dios está casado?», o «¿Por qué los perros persiguen a los gatos?»

Las abuelas siempre nos hablan en un idioma fácil, y no como las visitas a quienes es difícil entender. Y cuando nos leen un cuento, no protestan, ni nos recuerdan que ya lo han leído varias veces.

Cada niño debería tratar de tener una abuela. Especialmente, si no tiene televisión. Porque ellas son las únicas entre los adultos que siempre tienen tiempo.

¿Cómo ha podido brotar tanta sabiduría de la pluma de una niña? Ella nos ha demostrado el papel tan importante que cumplen las abuelas en las vidas de los niños pequeños. Especialmente de aquellas que pueden sacarse los dientes y mostrárselos a los chicos. (Recuerdo aquella ocasión en que mi hija trataba de hacerle morder una galletita muy dura a un niñito. La hermana del nene, furiosa, le dijo: «El no se la puede comer, estúpida, ¿no te das cuenta que tiene dientes de caucho?»). Sin tomar en cuenta la condición de sus dientes, abuelos y abuelas son invalorables para el mundo infantil. Por una sola razón: «Son los únicos entre los adultos, que siempre tienen tiempo».

Es importante que los niños que hemos mencionado, ambos hicieron referencia a la vida tan apresurada que llevan los adultos. Es que los niños necesitan de personas mayores que «caminen con ellos y les escuchen hablar de pesca, y de toda otra clase de pequeñeces». Y que les contesten preguntas acerca de Dios y de la naturaleza... Yo toqué este tema en mi libro «Esconder o buscar» (Hide or seek), y considero conveniente repetir aquí algunos conceptos:

¿Por qué tenemos que recordar nuevamente a los «ocupados» padres que sean sensibles a las necesidades de sus hijos? ¿No debería ser ésta, una expresión perfectamente natural de su amor e interés por los pequeños? Sí. Debería serlo. Pero papá y mamá tienen sus propios problemas. Están bordeando los límites de su resistencia física debido a la vida tan agitada que llevan. Papá tiene tres trabajos y debe esforzarse por conservarlos. Mamá tampoco tiene tiempo libre. Por ejemplo: mañana a la noche tiene seis invitados a cenar. Le queda sólo esta tarde para limpiar la casa, ir al supermercado; arreglar las flores y coser el dobladillo del vestido que lucirá mañana. Tiene una lista de tres páginas de cosas para hacer. Y ya le ha comenzado un dolor de cabeza a raíz de todo esto. Abre una lata de comida para darle de cenar a los niños, y espera que ellos no le desordenen su peinado nuevo. Cuando son las siete de la noche, el pequeño Roberto gatea debajo de la madre y le dice: «Mira, mamá, cómo me arrastro.» Ella da un vistazo hacia abajo y exclama: «¡Sí, sí!», pero, obviamente, está pensando en otra cosa.

Diez minutos más tarde Roberto le pide un poco de jugo. Ella se siente molesta por su pedido pero le da lo que solicita. Está atrasada con todas las cosas y su tensión nerviosa va aumentando. Cinco minutos después el niño la interrumpe nuevamente pidiéndole que le alcance un juguete, que está guardado en la parte más alta del ropero. Ella lo mira y corre a su cuarto para satisfacer su pedido. Cuando llega encuentra todas las cosas regadas en el suelo, y la goma de pegar derramada sobre el piso. La madre explota, grita, amenaza, y descarga sobre Roberto todo su nerviosismo y tensión.»

¿Le parece familiar esta descripción? Tal vez sea la diaria rutina de muchos hogares norteamericanos. Hubo un tiempo en nuestro país en el que un hombre no se angustiaba si perdía la diligencia en una estación: la podría volver a tomar el mes siguiente. Ahora, si una persona no logra entrar en seguida a una puerta giratoria, comienza a amargarse. ¿Pero se imagina quiénes son los grandes perdedores en este estilo de vida. Son los niños. Los que se recuestan contra las paredes con las manos en los bolsillos de los pantalones, esperando que sus padres regresen del trabajo. Y cuando el padre llega a la noche, el chico corre y le dice: «¡Vamos a jugar un rato, papá!» Pero papá viene agotado. Además, trae un maletín lleno de trabajo para terminar en casa. A su vez, la madre le había prometido que lo llevaría al parque, pero en el último momento tuvo que asistir a una reunión de señoras. Y el niño comprende... de nuevo sus padres están «muy ocupados». Así que camina sin rumbo durante un rato por la casa y luego se sienta delante del televisor para ver los programas de dibujos animados y las películas de las dos horas siguientes...

Los niños no están incluidos en el programa de «cosas» que los padres deben atender. Es que lleva tiempo introducirlos en la lectura de buenos libros. Lleva tiempo escucharlos cuando nos cuentan cómo se hicieron esa herida en la rodilla, o nos refieren la historia de aquel pajarito que encontraron con el ala quebrada. Pero son éstos los cimientos sobre los cuales se edifica la estimación propia. Y es necesario construirlos con amor. Pero raramente los padres tienen tiempo para esto, dentro de sus ocupadas agendas. Y esa vida agitada les produce cansancio, y el cansancio causa irritabilidad, y conduce a la indiferencia. Y tal indiferencia es interpretada por los chicos como falta de interés genuino y aprecio personal.

Como dice la propaganda: «Ande con calma, amigo». ¿Por qué vivir siempre apurado? Y entonces no tendrán nada, sino difusos recuerdos de estos años tan importantes que los necesitan a ustedes de manera especial. No estoy sugiriendo que debemos invertir la totalidad de nuestro tiempo en beneficio de la generación que viene, ni que todos debemos ser padres. Pero nuestros niños están en el mundo, y son ellos los que merecen el primer lugar en nuestro programa de actividades. Sé que mi mensaje suena como aislado y solitario en medio de la sociedad y el tiempo que vivimos. Muchos les están diciendo a las madres que salgan a trabajar, que se ocupen de sus propios asuntos;

que dejen a sus niños con empleadas o en las guarderías estatales. Allí sus niños serán enseñados, guiados y disciplinados, mientras ella trabaja. Creen que otra persona puede transmitir el sentido de estimación y aprecio a aquel pequeñín que todas las mañanas tiene que decirle a su progenitora: «Adiós, mamá». (1)

Resumen y recomendaciones

De todo lo tratado acerca de la fatiga y de la vida apresurada, ¿cuáles serían las ideas básicas que las mujeres desearían que pudiesen comprender sus esposos? Yo pienso que la depresión femenina que va asociada con el cansancio y la vida tan agitada, se podría reducir en gran escala, si los esposos comprendieran los tres conceptos siguientes:

1. Por alguna razón extraña, los seres humanos y especialmente las mujeres soportan más fácilmente el cansancio y las tensiones, si por lo menos saben que otra persona conoce lo que ellas están enfrentando. Este principio puede catalogarse bajo el rótulo: «Comprensión humana». Y es supremamente importante para las esposas. Las frustraciones que producen los niños que crecen, y las provenientes de todas las tareas domésticas, serían mucho más llevaderas si los esposos actuaran como si lo comprendieran todo. Aun si el hombre no hiciera nada para cambiar la situación, simplemente el reconocimiento de que su esposa ha hecho un gran trabajo, haría todo mucho más fácil de sobrellevar para ella. Lastimosamente, ocurre generalmente lo contrario. Millones de esposos preguntarán, imperdonablemente, a sus esposas esta noche al llegar a casa: «¿Qué estuviste haciendo todo el día, querida?» Y el mismo tono de la pregunta pareciera significar que la esposa se lo ha pasado sentada confortable-

57

mente en un sillón, tomando café y viendo la televisión, luego de haberse levantado al mediodía. Y la mujer lo mataría con todo gusto si él se atreve a decir esto.

Cada persona necesita saber que es respetada y apreciada por la forma como cumple con sus responsabilidades. Los hombres satisfacen esta necesidad a través de los ascensos laborales, aumentos en los salarios; premios anuales y frases dichas al pasar durante la jornada cotidiana. Y ya que ellos lo reciben de otra parte, las mujeres en el hogar esperan lo mismo de sus esposos. Las esposas y madres más infelices serán aquellas que se cansan hasta el agotamiento cuando están solas, y luego sus maridos nunca se pueden «explicar» porqué ellas siempre están tan exhaustas.

2.   Muchas mujeres afirman que las tareas diarias de cuidado, limpieza de la casa y atención de los niños puede ser llevada a cabo con relativa facilidad. Es la acumulación de trabajos suplementarios lo que trastorna su ritmo. Periódicamente hay que limpiar el refrigerador; lavar la cocina; cambiar los papeles de los estantes, y sacudir las ventanas. Además, hay que encerar el piso. Esta clase de responsabilidades periódicas, siempre están esperando a la ocupada madre, y le van creando la sensación de que está eternamente atrapada. Yo afirmo que muchas familias pueden proveer ayuda del exterior para este tipo de actividades, y que es necesario invertir una cierta cantidad de dinero para este propósito.

La sugerencia de contratar a alguien para que ayude en el trabajo doméstico puede parecer impracticable en una economía inflacionaria como la nuestra, donde a todo el mundo le sobran días del mes, cuando el sueldo ya se ha terminado. Sin embargo, yo sugeriría que cada familia haga una revisión de la forma como está gastando sus ingresos. Yo traté este tema en «Esconder o buscar» (Hide or Seek), y aquí simplemente quiero recordar algunas cosas básicas:

Muchos norteamericanos mantienen una «lista de prioridades». O sea, cosas que quieren comprar cuando tengan algún dinero de más, o cuando lo hayan ahorrado. Planean arreglar el sofá; cambiar la alfombra del comedor, o comprar un auto nuevo. Sin embargo, estoy convencido que la ayuda doméstica para una madre que tiene niños pequeños, debe figurar en esa lista también. Sin dicha colaboración, condenamos al ama de casa a la misma responsabilidad día tras día, durante toda la semana. Y por muchos años no podrá escapar del cúmulo de pañales manchados, narices sucias, y platos sin lavar. Pienso que ella desempeñaría su trabajo mucho más eficientemente y lograría ser una mejor madre, si pudiese contar con alguien que la ayudara de vez en cuando. Para ser más explícito, yo creo que las madres deberían tener la oportunidad de disfrutar un día entero por semana, fuera de su casa, haciendo algo que le sirva de esparcimiento. Y esto es más importante para la felicidad hogareña que una nueva alfombra, o una herramienta distinta para papá.

Pero, ¿sómo puede una familia de clase media, en este momento de crisis económica, contratar a alguien que limpie la casa, y cuide los niños? Puede ser mejor conseguir una chica joven de secundaria en lugar de una persona mayor. Yo le aconsejaría que consultara con la secretaria de alguna escuela secundaria cercana. Dígales que usted necesita una chica madura de unos 16 años, para que le ayude en un trabajo de limpieza. No le comente que piensa contratarla regularmente. Cuando la chica venga a casa, sométala a prueba por un día, y observe qué tal hace el trabajo. Si nota que es eficiente, ofrézcale esa ocupación semanal. Si no rinde como usted esperaba, páguele las horas, déle las gracias y búsquese otra chica para la próxima semana.

Existen diversos niveles de madurez aun entre las alumnas de secundaria, y eventualmente usted podría encontrar alguna que desempeñe el trabajo con la responsabilidad de un adulto.

Y si por casualidad su esposo está ahorrando para comprarse una sierra mecánica, sería mejor que usted eliminara uno de sus propios deseos de la lista de prioridades. Por lo menos para comenzar. De todas maneras, no le diga a su marido que yo le aconsejé esto. (2)

3. Maridos y mujeres deberán permanecer constantemente en guardia contra el flagelo del exceso de compromisos. Aun actividades gratas y encomiables pueden llegar a ser perjudiciales cuando consumen demasiada cantidad de energía, u ocupan los momentos libres del día. Tal vez esto resulte extraño en una familia donde cada uno dispone de su tiempo para sus actividades, separar algún momento para caminar tranquilamente o para compartir una agradable conversación. Los hombres gastan tiempo en el garaje, y las mujeres para su arreglo personal a fin de sentirse jóvenes de vez en cuando. Pero ya hemos dicho que todo parece conspirar contra estas actividades saludables. ¡Aun cuando salimos de vacaciones andamos apurados! «Debemos llegar antes de medianoche a San Luis, si no perderemos nuestras reservas en el hotel».

Sugiero una receta muy simple para contribuir a la felicidad familiar. Pero debe ser adaptada por cada familia en forma individual: Deben proponerse andar más despacio. Deben aprender a decir «NO» de la manera más gentil. Deben resistir la tentación de andar a la caza de placeres y diversiones y compromisos sociales. Y deben sostener esa posición con la tenacidad de un jugador profesional que detiene los ataques de sus adversarios. Esta es la forma de defender la paz familiar. Básicamente hay que preguntarse tres cosas ante cualquier nueva actividad que se nos presenta: *a*. ¿Vale la pena invertir tiempo en esto? *b*. ¿Qué debo eliminar si añado esta actividad? c. ¿En qué forma esta nueva actividad afectará a nuestra familia? Sospecho que muchísimas de las ocupaciones que absorben nuestros días, no resistirían la prueba de estos tres interrogantes, y, ahora, perdóneme... se me hace tarde para una cita...

Preguntas y respuestas

Pregunta: ¿Qué opinión le merecen las madres de preescolares que trabajan fuera de su casa? ¿Qué lugar ocupa «el trabajo de fuera» en el incremento de la fatiga y de la agitación del ritmo de vida?

Respuesta: Uno no puede invertir 40 horas semanales en un trabajo, sin que la fatiga y la agitación del ritmo de vida se tornen una realidad personal. Así que yo me opongo totalmente a que las madres de niños pequeños tengan un trabajo de tiempo completo, en situaciones en que realmente no es importante o indispensable.

A pesar de eso, estamos presenciando el hecho de que una gran cantidad de mujeres se desempeñen dentro del mundo del comercio, con funestas consecuencias para el hogar y la familia. Como ya lo dijimos, a cada ama de casa frustrada se le ofrece la misma solución para su sentimiento de subestimación: «Búsquese un trabajo, obtenga un título, ocúpese de sus asuntos». Actualmente, casi la mitad de las mujeres norteamericanas trabajan como empleadas (30.370.000, según cifras oficiales de 1973), y esas estadísticas están en aumento. Mi punto de vista ante este énfasis nacional no será muy popular o adecuado para ganar admiradores dentro de ciertos círculos, pero no me puedo callar ante un asunto tan importante. En resumen: *Yo creo que este abandono del hogar es el error más grave y peligroso que podemos cometer como nación.*

Por cierto, hay situaciones difíciles que demandan de una esposa que salga a trabajar para ayudar al sostén de la familia. Existen tragedias hogareñas donde el marido se encuentra imposibilitado de trabajar. O si se ausenta del hogar por una u otra razón. Esta clase de problemas requieren la contribución financiera de la mujer que los enfrenta. Sin embargo, difundir el concepto a lo largo y ancho del continente que cada mujer que no esté «trabajando afuera» está siendo engañada y explotada es una mentira que acarrea graves consecuencias.

Esta patraña se encuentra fuertemente respaldada por dos mitos que son igualmente falsos. El primero es que muchas madres de niños pequeños son capaces de trabajar todo el día y volver al hogar para cumplir sus obligaciones familiares, aun más eficientemente que si hubiesen permanecido en casa. ¡Tonterías! Existe determinada cantidad de energía de la que un cuerpo humano puede disponer diariamente, y cuando esa energía se invierte en un lugar, no está disponible para ser usada en otro. Resulta muy improbable que una mujer pueda levantarse temprano a la mañana, alimentar y preparar a la familia para el resto del día, entrar a trabajar a las 9; salir a las 17; llegar a su casa y a las 17.31 tener toda la energía para desarrollar las responsabilidades hogareñas hasta medianoche. Ella puede recurrir a comidas fáciles de preparar, y ser muy diestra en la cocina. Pero pocas mujeres están equipadas con la «superenergía necesaria para, luego de un día de trabajo, satisfacer las necesidades emocionales de sus hijos, guiarlos, disciplinarlos, contribuir al desarrollo de su propia estimación y luego de todo esto, mantener una agradable relación sexual con su esposo. Tal vez puedan sobrellevar ese ritmo por una semana, un mes, o una temporada. Pero ¿por años sin fin? Sencillamente me niego a creerlo. Por el contrario, he observado que esposas exhaustas y madres irritables y malhumoradas, transmiten todos estos conflictos a la familia entera.

Además, las madres excesivamente ocupadas deben recurrir a toda su capacidad creativa para poder cumplir con todos sus compromisos. Conozco una mujer que tiene una treta única y singular cuando está atrasada en la preparación de la cena. Unos minutos antes que su marido llegue del trabajo, ella corre a la cocina, corta unas cebollas y las pone a freír. Cuando el hombre atraviesa la puerta de su hogar, es recibido con el apetitoso aroma del rico plato que su mujercita está cocinando. Y se alegra de que la cena vaya tan adelantada. Así que con toda tranquilidad se sienta en el sillón a leer el diario y a esperar la suculenta cena. Por supuesto, con frecuencia ella tiene que explicarle cómo es posible que esos sandwiches tan simples que comen después, pueden llenar la casa con un olor tan agradable, como el más rico plato que uno pueda imaginarse.

El segundo mito, que también carece de fundamento, es que los niños menores de cinco años realmente no necesitan del cuidado y atención de sus madres. Si esta mentira fuese cierta, entonces las mujeres que trabajan se quedarían tranquilas de conciencia. Pero simplemente tal afirmación no es compatible con los descubrimientos científicos. Acabo de asistir a un encuentro nacional, sobre la crianza de los niños, en Miami Florida. Virtualmente, cada informe de investigaciones que era presentado por alguien, culminaba con las mismas palabras: «La relación de compañerismo madre-hijo, es absolutamente vital para el desarrollo saludable del niño». El último orador del encuentro, explicó que el gobierno de Rusia actualmente está aboliendo el cuidado de los niños a cargo del Estado, porque ha observado este hecho inocultable: Las empleadas estatales sencillamente no pueden reemplazar la influencia directa e individual, que debe ejercer la madre sobre su propio hijo. El orador concluyó la conferencia diciendo que las responsabilidades femeninas son tan vitales e importantes para las generaciones venideras, que el futuro mismo de nuestra nación depende de cómo «veamos» a nuestras mujeres en el día de hoy. Yo estoy plenamente de acuerdo con esto.

Pero mi opinión personal en este asunto, no sólo está basada en una evidencia científica, o en la experiencia profesional. También ha sido determinada por la situación de nuestro propio hogar. Nuestros hijos son infinitamente complejos, como todos los niños. Y mi esposa y yo deseamos guiarlos nosotros mismos en estos decisivos años de su formación. Danae, la hija, tiene nueve años. Dentro de cuatro años ya será una adolescente, y admito que me siento muy celoso de que alguien quiera robarme estos últimos años de su niñez. En este momento, cada instante es precioso para mí. Ryan tiene ya cuatro años, que ha cumplido luego de comenzado este libro. No sólo está en actividad constantemente, sino que se encuentra en un período de rápidos cambios físicos y emocionales. El tiempo nos resulta insuficiente para observar con detenimiento el dinámico crecimiento de nuestro hijo. Cuando salgo durante cuatro o cinco días para algunas conferencias, lo encuentro muy cambiado a mi regreso. Y es que los fundamentos de su futura estabilidad emocional y física están siendo puestos, momento a momento, piedra sobre piedra, precepto sobre precepto. Ahora, a quienes no les haya agradado lo que yo he dicho hasta aquí, les pregunto: ¿A quién podría yo encargar la tarea de guiar este constante proceso de crecimiento de mis propios hijos? Si mi esposa y yo estuviésemos todo el día trabajando, ¿quién podría encarar con eficiencia esa misión? ¿Qué niña que los cuide podría ocupar nuestro lugar? ¿Qué grupo de orientación podría proveer el amor y la guía individual que Ryan necesita y merece? ¿Quién sería capaz de presentarle a mis hijos nuestros valores y nuestras creencias? ¿Quién respondería a sus preguntas en el momento que las formulen? ¿A qué persona puedo yo delegar los momentos cumbres de las experiencias cotidianas de mis hijos? El mundo entero puede hacer su elección, pero yo personalmente, y en mi hogar también, hemos dado la bienvenida a la gran oportunidad que se nos ha concedido de formar estas dos tiernas vidas, bajo nuestro cuidado. Y me preocupa mucho la suerte que correrá una nación que cataloga esta tarea como «ingrata, infructuosa y aburrida».

Sé perfectamente que los niños pueden irritar y frustrar a sus padres, y ya lo he descrito. Pero la satisfacción de criarlos justifica cualquier precio que haya que pagar por ello. Además, nada de lo que vale en el mundo se alcanza sin esfuerzo.

Pregunta: ¿Sugiere usted que cada mujer debería ser esposa y madre, dejando de lado cualquier otro de sus anhelos?

Respuesta: Claro que no. Una mujer debe sentirse libre para elegir el rumbo que quiera imponerle a su vida. En ninguna manera deberá ser presionada para formar una familia, abandonando su profesión, o sus proyectos de estudio si ella no lo desea. Aún más, rechazo el viejo concepto de que una mujer joven debe casarse a la primera oportunidad, o con el primer candidato que se le presente. Mi crítica más fuerte no se dirige contra las que han elegido un estilo de vida que excluye la formación de un hogar con marido e hijos. Más bien, me refiero a aquellas que abandonan sus responsabilidades, luego de haber elegido determinado camino para sus vidas.

1. James Dobson, Hide or Seek (Old Tappan, N. J. Fleming H. Revell Co., 1974) pp. 53-55, usado con permiso.

5

Soledad, incomunicación, aburrimiento, falta de romanticismo en el matrimonio

Era muy predecible que las mujeres que respondieron a la encuesta, señalaran como tercera y cuarta causa de depresión a una situación que las acosa. Estos factores se hallan muy entrelazados el uno con el otro, en variadas formas. Me refiero a la desesperación proveniente de la soledad, la incomunicación; el aburrimiento y la falta de romanticismo en el matrimonio.

Dudo que exista algún consejero matrimonial que no haya enfrentado todos los días de su trabajo, estos problemas en la vida de las personas que le consultaron.

Una mirada un poco más atenta a las respuestas de las mujeres, revela la gran significación que estos problemas cobran para ellas. Cerca de un tercio del grupo señaló estos factores entre los cinco primeros lugares (subestimación; soledad; incomunicación; aburrimiento; y ausencia de romanticismo en sus matrimonios). Las esposas decían: *a)* no me gusto a mí misma; *b)* no tengo una relación valiosa con nadie fuera de casa; *c)* no me siento cerca del hombre a quien amo. ¡Parece obvio que estos tres problemas aquejan a todo el mundo! Estas esposas y madres, jóvenes y atractivas, admitieron sentirse emocionalmente separadas del resto de los habitantes que pueblan la tierra. Y allí radica una causa grande del malestar femenino en la norteamérica del siglo XX.

Los sentimientos de aprecio por uno mismo, y de aceptación personal, que son pilares de una personalidad sana, sólo se obtienen de una fuente. No se los puede comprar ni fabricar. La autoestima es exagerada únicamente por aquello que vemos en los ojos de los demás respecto a nosotros mismos. Sólo cuando los demás nos respetan empezamos a respetarnos. Sólo cuando otros nos aman nos amamos a nosotros mismos. Unicamente cuando otros nos encuentran simpáticos, agradables y dignos de aprecio, es que podemos comenzar a llevarnos bien con nuestro propio yo. Ocasionalmente se presenta el caso de una persona criada con tal dosis de confianza en sí misma que parece no necesitar la aceptación de los demás. Pero encontrar tal tipo de personalidad es bastante raro. La gran mayoría de nosotros dependemos de que nuestros relacionados nos acepten, para poder sostenernos emocionalmente día tras día. ¿Qué diremos entonces de quien vive en un estado de perpetuo aislamiento, privada de amor, y de la calidez de una relación humana, año tras año?

Tales personas empiezan a experimentar sentimientos de indignidad personal, y sus consecuencias son la depresión y la deseperación.

¿Qué pasa con las esposas que se encuentran privadas de mantener relaciones significativas con personas fuera del hogar? ¿Hacia qué otros rumbos pueden dirigirse sus sentimientos que no sean más que la soledad y la depresión emocional? Pienso que existen seis factores que explican la incomunicación de las mujeres de hoy, y vamos a examinarlos muy atentamente:

1. Los niños pequeños contribuyen a mantener a sus madres incomunicadas. No es cosa fácil tomar los pañales y todos los demás aparejos necesarios para la atención de un bebé, cargarlos en el auto e ir a visitar a una amiga. La mujer se pone a pensar si realmente vale la pena todo ese esfuerzo. Los niños no desean irse a jugar solos, y molestan a las madres quedándose cerca de ellas y llamando su atención constantemente. Y si no están bien disciplinados, la madre se sentirá muy incómoda al llevarlos a cualquier parte, y la invitación de sus propias amigas comenzará a escasear. Porque simplemente no pueden soportar a esos niños en sus propias casas. Así la madre del preescolar tiende a permanecer siempre en casa, soportando mes tras mes la compañía de la «gente menuda». Escuché una anécdota acerca de una mujer que por fin tuvo una oportunidad de salir de casa alguna vez. La empresa en la que trabajaba su marido había preparado un banquete en honor de los empleados que se jubilaban. Y a esta señora le tocó sentarse justamente al lado del presidente de la compañía. Se sentía muy nerviosa al estar hablando con un adulto nuevamente. Porque temía hablar como lo hacía con su bebé. Para su propia sorpresa, sin embargo, conversó sin una sola falla durante toda la comida, opinando sobre eventos mundiales y sobre temas políticos. Pero luego con espanto, se dio cuenta que a través de toda la charla le había estado

cortando la carne en el plato, y dándosela con el tenedor en la boca, al presidente de la compañía. Supongo que esto puede ser catalogado como «un riesgo profesional» que puede correr cualquier ama de casa.

2.   Pienso que las vanguardistas femeninas, me harán picadillo por lo que voy a decir. Pero he podido constatar que las mujeres son tan malignas como cualquier hombre, con los demás. Habiendo estado en la supervisión de empleadas durante años, he observado con asombro cómo se desplazaban entre sí, al más mínimo conflicto que surgía. Una explosión de repercusiones monumentales, comenzó con un disgusto entre cuatro secretarias acerca de la efectividad de un desodorante. ¿Se imagina usted los enrojecidos rostros de las cuatro mujeres, agrediéndose unas a otras, y discutiendo acerca de si era mejor el desodorante en aerosol o en barra? (En realidad el conflicto verdadero era mucho más profundo e incluía viejos resentimientos que nada tenían que ver con el desodorante.) He tenido como empleadas a dos o tres antagonistas tan talentosas, que me creaban más problemas en una tarde, que los que yo podía resolver en una semana. Creo que esa misma situación de competencia se presenta entre las amas de casa. Hay algunas mujeres que sencillamente no pueden compartir absolutamente nada con otras. Unas pocas son menos agresivas cuando se encuentran solas que cuando están reunidas en grupo, y se sienten amenazadas. Tales mujeres no podrían pensar en invitar a «las chicas» a tomar el té a su casa, a menos que lograsen que ésta reluzca por afuera y por adentro. Y además tendrían que preparar una torta «super-deliciosa». Y otras que viven en hermosas casas, jamás serán invitadas por aquellas que se sienten incómodas por sus humildes moradas. Y las que están casadas con profesionales que tienen empleos bien remunerados, sufren también el resentimiento de las otras, que deben luchar

70

todos los meses para alcanzar a pagar las cuentas. En resumen, las mujeres frecuentemente se encuentran predispuestas justamente contra aquellas que más necesitan para incrementar el mutuo respeto y el sentimiento de aceptación propia. El resultado es la soledad y el aburrimiento.

3. Los sentimientos de inferioridad sirven para incomunicar a hombres y mujeres unos con otros. Y ya expresé lo contrario: La incomunicación acrecientas la inferioridad. Estas dos situaciones frecuentemente interactúan formando un círculo vicioso, que se proyecta en desesperación y soledad. La mujer que no tiene amigos —y estoy hablando de verdaderos amigos—, se siente a su vez incapaz para establecer nuevos contactos sociales. Y este fracaso en hacer nuevas amistades, la hace sentirse aún más inferior. Un ama de casa en estas condiciones es candidata segura para dedicarse a ciertos vicios «secretos», como el alcoholismo, el consumo de drogas, y algunas llegan hasta el suicidio. Desesperadas por lograr relaciones significativas con otras personas, son a menudo malinterpretadas por sus propios congéneres que las tildan de «presumidas, frías, retraídas, y autosuficientes».

4. Con frecuencia las mujeres logran menos éxito en encontrar intereses y actividades fuera de la casa, que su contraparte masculina. El hombre común ama el deporte. Y sigue con entusiasmo los partidos de fútbol que se transmiten por televisión. La mujer no. Al hombre le gusta ir a cazar y pescar, y hacer grandes caminatas. La mujer se queda en casa y espera. El hombre juega a los bolos, al fútbol, al tenis, al básquet, y al softball. Entre tanto, la mujer bosteza en los graderíos. Al hombre le encanta construir nuevas cosas, y meterse en el garage a trabajar en el auto. La mujer se queda en la cocina lavando platos. El hombre se divierte en competencias de barcos y de automóviles, y

en cualquier actividad mecánica. Las mujeres se aburren ante tales quehaceres que para ellas carecen de sentido. Obviamente, esto es una generalización, pues existen grandes excepciones, pero el hecho exacto, es que los hombres invierten ciertas cantidades de su tiempo en el desarrollo de algún tipo de actividades, en las cuales las mujeres encuentran difícil entusiasmarse. Sospecho que algunas influencias culturales de los años infantiles, crean en la mujer cierta pasividad. Y reducen así el campo de sus intereses. Por alguna razón el típico mundo femenino es menos amplio que el de los hombres. Para certificar esta afirmación, escuche las conversaciones de hombres y mujeres en la próxima reunión social a la que asista. La charla femenina se centrará en los chicos, los cosméticos, y la conducta de los demás. Los hombres, en cambio, tocarán una gran variedad de temas. A base de lo dicho no debe extrañarnos que el aburrimiento surja como una causa importante de depresión entre las mujeres.

5. El cansancio y la vida muy apresurada, tratados en el capítulo anterior, contribuyen a incomunicar a las madres de niños pequeños. Simplemente ellas carecen de tiempo y de energía para abrir las puertas de su vida hacia el mundo exterior.

6. Las limitaciones financieras, y la economía de inflación, que trataremos más adelante, restringen las actividades de las amas de casa.

Existen muchos factores que conducen a las mujeres a sentirse solas, incomunicadas y aburridas. Aún cuando vivan entre millones de personas, igualmente se sienten solitarias. Y cuántos malestares causa tal situación. Un escritor dijo: «Cada persona debe significar algo para otra persona.» Yo comparto esta opinión. Un compositor expresó ese concepto similar en una canción titulada: «No eres nadie si no tienes alguien que te ame.» El doctor Williams Glasser, explicó este mismo principio psicológico en su conocido libro «Terapia Verdadera». Decía: «En todo momento de la vida, nosotros necesitamos tener por lo menos una persona que nos ame y a la cual podamos amar. Si carecemos de ese ser humano fundamental, no podremos satisfacer nuestras necesidades básicas.» Es obvio, porque somos seres sociables, y continuamente dependemos de otros para nuestra estabilidad emocional.

DIFERENCIAS EMOCIONALES
ENTRE HOMBRES Y MUJERES

En este punto quiero dar un mensaje de gran importancia para cada esposo que ame y desee comprender a su mujer. Mientras que el hombre y la mujer tienen las mismas necesidades respecto del aprecio por sí mismos, y el sentido de pertenencia, generalmente lo expresan de manera diferente. El hombre deriva su sentido de auto-estimación básicamente del prestigio que obtenga con su trabajo o profesión. El deriva la satisfacción emocional de su éxito en los negocios; de su independencia financiera, adquiriendo pericia en un arte, desarrollando más habilidad en su especialidad. Supervisando a otros, erigiéndose en líder, o logrando el amor y el respeto de sus pacientes, clientes, o compañeros de trabajo. El hombre que alcanza el éxito en estos campos no precisa de su esposa como un baluarte contra la inferioridad. Por supuesto, ella desempeña un papel importante comó compañera y amante, pero no se torna indispensable para estimular su auto-estima, día tras día.

Por contraste, una esposa considera su matrimonio desde una perspectiva totalmente distinta. Ella no tiene acceso a otras fuentes de auto-estimación, que normalmente están al alcance de su marido. La mujer puede preparar una deliciosa comida, pero a veces la familia se lo come, y hasta se olvidan de agradecérsela. Sus deberes como ama de casa no le ganan el respeto de la comunidad. Y nadie la solicita, a raíz de sus habilidades técnicas. Entonces se encuentra aislada, como ya lo hemos visto. El factor más importante para suplir su necesidad de aprecio, será su propio marido, y la confianza y buen trato que él le dispense. El esposo debe ser «la persona» de la cual habla el doctor Glasser. Y si él no lo es, entonces ella será incapaz de satisfacer sus necesidades básicas por otra vía. Lo que significa un problema muy serio.

Simplifiquemos al máximo el asunto: El hombre deriva su auto-estima, de sentirse *respetado*. La mujer se siente digna cuando es *amada*. Y esta, tal vez, es la diferencia más importante que exista entre los sexos.

Conociendo esto, podemos entender los enfoques particulares que hombres y mujeres le dan al matrimonio. El hombre puede sentirse contento con un matrimonio del tipo patriarcal. Será necesario aclarar que los privilegios sexuales están incluidos en tal tipo de matrimonio. En la medida que su esposa le prepare la comida, sea amable y razonable, y no lo moleste durante la temporada de fútbol, el hombre se siente satisfecho. El romanticismo puede ser algo lindo, pero no es necesario. Sin embargo, esta clase de relación tan superficial, empujará pronto a la mujer a una completa frustración. Ella busca una relación que posea mucho más significado. La mujer anhela ser alguien supremamente especial en el corazón de su marido. Ellas esperan ser respetadas, apreciadas y amadas con ternura por sus esposos. Por esto es que una mujer piensa muy a menudo en su marido durante el día, y espera con ansiedad su regreso al hogar. Esto explica también porqué el aniversario de bodas es más importante para ella y porqué lo sermonea al marido cuando éste se olvida. También explica la razón por la cual ella está tratando

74

constantemente de atraerlo cuando él está en casa, intentando sacarlo del asiento donde el hombre está viendo la televisión o leyendo el diario.

A base de lo anterior es fácil entender porqué la falta de romanticismo en el matrimonio puede llegar a constituirse en una fuente de depresión. Los hombres deben tener este detalle muy en cuenta en su relación con las esposas.

Como dijimos al comienzo de este libro, las mujeres frecuentemente se sienten incapaces para transmitir a los esposos sus propias necesidades de afecto y romanticismo. Un hombre me escuchó muy atentamente cuando yo le explicaba la frustración que su esposa me había expresado anteriormente. Enseguida fue a la florería, compró un ramillete de flores, se presentó frente a la puerta de su casa, tocó el timbre, y cuando ella salió, él le extendió el ramillete y le dijo: «Toma.» Habiendo «cumplido» su responsabilida conyugal, la dejó de lado, y se fue a sentar frente al televisor. Por supuesto, su esposa no se sintió muy abrumada por su generosidad.

Otro hombre me dijo: «Yo no entiendo a mi esposa: Tiene todo lo que desearía tener, una lavadora de platos y una secadora nueva. Vivimos en un buen barrio, yo no bebo, no le pego a mis hijos, ni lastimo al perro. Le he sido fiel desde el día que nos casamos. Pero ella se siente miserable y no sé porqué...» Su desdichada esposa hubiese estado dispuesta a cambiar el lavaplatos, la secadora y hasta el perro, por una expresión de genuina ternura de parte de su esposo que carecía totalmente de espíritu romántico. Un corazón amoroso contribuye mucho más a satisfacer la necesidad de auto-estimación en una mujer que todos los electrodomésticos que uno pueda imaginar.

En lugar de desarrollar la intimidad y preservar el romanticismo algunos hombres parecen determinados a hacer lo contrario, y a hacerlo justamente en público. ¿No ha visto usted a alguien jugar al conocido jueguito de «Asesinar a la esposa»? Un buen número de parejas se dedican a esta destructiva ocupación. Su objetivo es muy simple: se trata de castigar al conyuge con cualquier respuesta que lo someta al ridículo y lo humille delante de los amigos. Si bien cuando están solos el tono puede disminuir, él la puede hacer picadillo cuando se encuentran rodeados de espectadores. Y si desea ser especialmente maligno, es capaz de hacer creer a sus invitados que ella es estúpida y fea, justamente los dos aspectos en los cuales la mujer es mucho más vulnerable. Y se hará acreedor a un buen puntaje si logra destrozarla a través de sus palabras.

¿Por qué algunos expresan sus resentimientos en esta forma? La razón es que la hostilidad busca su salida, y mucha gente amargada encuentra muy difícil el hecho de poder reprimir sus sentimientos. ¡Pero cuán infortunada es la pareja que se acostumbra a reñir en público! Porque en este juego brutal no existen los vencedores. El final llega cuando alguno de los dos contrincantes yace completamente desprovisto de su propia estimación, y de su dignidad personal.

Muy a menudo yo deseo que hubiese un método aceptable por medio del cual hombres y mujeres logren expresar sus sentimientos en privado. Un golfista puede jugar los dieciocho hoyos en el partido, y algunos se sienten más cómodos en el club que en la casa. Los que juegan al básquet, o practican cualquier otra actividad gimnástica, reducen así sus frustraciones y tensiones. Los jugadores profesionales de hockey descargan sus ansiedades quebrándole las piernas a sus oponentes con los palos de jugar. Pero lamentablemente ese no es un método conveniente para que marido y mujer descarguen su hostilidad. Sólo pueden enfrentarse el uno al otro en la intimidad de su cuarto. Luego de mucho pensarlo, creo tener la solución aceptable para este problema. Propongo que cada hogar del futuro esté equipado con un juego completo de «autitos chocadores», como esos que se encuentran en los parques de diversiones. Si usted ha observado a los conductores de tales vehículos chocar los unos con los otros, habrá visto los ojos dilatados, y la perversidad brillándole en la cara. Gritan con toda felicidad cuando chocan a otro que está desprevenido y logran sacarle el auto de la pista. ¿No sería maravilloso si una pareja pudiera disfrutar una hora por día —tal vez, de 5 a 6 de la tarde—, de una sesión de «autos chocadores»? Me los imagino chocándose el uno al otro: «¡Ah! esto te mereces por ser tan tacaño con nuestro dinero...» O ¡te voy a enseñar a ser amable cuando regreses a casa!» ¡Toma! ¡Pum!... Luego de sesenta minutos de sesión, un timbre podría indicar que la hora ha terminado, y los dos conductores descenderían de sus autos como grandes amigos dispuestos a compartir el resto de la tarde. ¿Usted cree que ya estaríamos listos para expresar nuestras tensiones en esta forma?

La solución que tiene 5.000 años de antigüedad

No existe nada que pueda sustituir la sabiduría de los mandamientos bíblicos acerca del matrimonio. Una actitud del hombre es la que pone la base para una relación feliz entre marido y mujer. El ha sido puesto por Dios como cabeza de la familia, y la responsabilidad por el bienestar de ella, descansa sobre sus espaldas. Esta recomendación puede ser encontrada en escritos muy antiguos, como los libros de Moisés que se remontan a 5.000 años atrás en la historia del pueblo de Israel.

Cuando alguno fuere recién casado, no saldrá a la guerra, ni en ninguna cosa se le ocupará; libre estará en su casa por un año, para alegrar a la mujer que tomó.

¡Imagínese qué lujo! El recién casado tenía un año entero para ajustar su vida matrimonial, sin grandes responsabilidades ni deberes durante ese período. (Debo admitir que me cuesta suponer a qué se dedicarían luego de las tres primeras semanas de casamiento. Pero de todas maneras, me parece que está muy bien la liberación de toda otra responsabilidad.) Hagamos una comparación con el primer año de matrimonio que enfrentan muchas parejas actualmente: Durante este lapso, el marido y la mujer trabajan y estudian ambos, y además deben enfrentarse con los cambios biológicos, emocionales y físicos del primer embarazo. Pero mi propósito al citar el texto se dirige principalmente a destacar la última parte del versículo: «Y el marido libre estará por un año para alegrar a la mujer que tomó.»

Ya la ley mosaica dejaba bien en claro que el bienestar emocional de la esposa es una responsabilidad específica de su marido. La mujer debe ser «alegrada» por el hombre, y en esto consiste la labor del marido. ¡Queridos amigos, esto también tiene plena validez hoy! Este mensaje es para aquel hombre que tiene tal necesidad de satisfacer su ego que se la pasa trabajando siete días a la semana y consumiéndose a sí mismo en una incesante persecución de status y poder. Si no dedica tiempo a su mujer y a sus hijos, puede tener la seguridad de que enfrentará problemas con ellos. Esta recomendación también está dirigida a aquellos esposos que invierten sus horas libres en su propio placer personal. Algunos pescan todos los fines de semana, se la pasan metidos de cabeza en el televisor, o juegan muchísimo al golf. Cada una de estas actividades, cumple un importante papel reconstructivo para la personalidad. Pero cuando nuestra diversión propia, excluye a los que tienen necesidad de nosotros —aquellos cuya existencia depende de nuestra atención—, entonces el asunto ha ido demasiado lejos, y exige una inmediata corrección.

Derek Prince, ha expresado este mismo punto de vista pero en forma más fuerte. El piensa que los problemas que norteamérica está enfrentando, particularmente en referencia a la familia pueden ser rastreados hasta lo que él llama «hombres desertores». Desertar es huir, abandonar los deberes que a uno le corresponden. Y nuestros hombres están ignorando las responsabilidades que Dios les ha encomendado, acerca del cuidado y bienestar de la familia, la disciplina de los hijos; la supervisión de los gastos; el liderazgo espiritual; el amor, la atención y la protección. Por el contrario, nos hemos embarcado en un estilo de vista egoísta, pensando sólo en nuestras propias necesidades, nuestros propios placeres, y nuestro propio bienestar. ¿Tendremos que maravillarnos de que nuestras mujeres se sientan subestimadas? ¿Nos sorprenderemos de que la soledad, la incomunicación y el aburrimiento, hayan alcanzado proporciones alarmantes? Ambas fuentes de depresión son alimentadas por el deterioro que ha sufrido la relación de compañerismo entre maridos y mujeres. Y nosotros los hombres nos encontramos con mayores posibilidades para contribuir a mejorar la situación.

¿Es que acaso estoy recomendando que los hombres dominemos a nuestras mujeres manejándolas con puño de hierro y anulando su individualidad? Por supuesto que no. Nuevamente la fórmula para el éxito matrimonial puede ser encontrada en la Biblia, en donde se origina también el concepto de familia. Dios que es creador del universo entero, puede ser capaz también de hablarnos acerca de cómo poder vivir juntos en armonía. Veamos lo que dice la Escritura en Efesios 5:28-33:

> Así también los maridos deben amar a sus mujeres como a sus mismos cuerpos. El que ama a su mujer a sí mismo se ama.
>
> Porque nadie aborreció jamás su propia carne, sino que la sustenta y la cuida, como Cristo también a la iglesia,
>
> porque somos miembros de su cuerpo, de su carne y de sus huesos.
>
> Por esto, dejará el hombre a su padre y a su madre, y se unirá a su mujer, y los dos serán una sola carne.
>
> Grande es este misterio; mas yo os digo esto respecto de Cristo y de la iglesia.
>
> Por lo demás hermanos, cada uno de vosotros ame también a su mujer como a sí mismo; y la mujer respete a su marido.

No hay lugar para ninguna opresión masculina en estas recomendaciones. Al hombre se le atribuye el liderazgo del amor dentro de la familia, pero él debe reconocer los sentimientos de su esposa, y atender a sus necesidades. Y a raíz de todo esto, la esposa debe profundo respeto, oración y aún obediencia, a un esposo tan amante. Si la familia norteamericana aplicara a su vida este solo mandamiento, tendríamos menos juzgados que se ocuparan del divorcio, el sostén para separadas disminuiría; necesitaríamos menos autorizaciones para visitar a los chicos dados en tenencia a algún miembro de la pareja separada; en fin; menos niños quebrantados; menos corazones rotos; menos vidas destrozadas.

Ahora, si estamos dando la impresión de cargar toda la culpa de los problemas matrimoniales sobre los

80

maridos, déjeme aclarar un punto: Por cada mujer que se queja de los hombres, existe un hombre que protesta contra las mujeres. Y en verdad que he escuchado muchas cosas al respecto. Las mujeres pueden ser tan egoístas e irresponsables como los hombres. ¿Acaso no hay mujeres que empujan a sus maridos a que se vayan a pasar la noche en algún otro lado? ¿Cuántos maridos llegan cada noche a una casa desordenada, sucia, con mal olor, a enfrentarse a una mujer gritona y sermoneadora, que luce desmañada y descuidada en su apariencia personal? Salomón debió haber sido muy sensible ante esta situación cuando escribió:

«Mejor es vivir en un rincón del tejado, que con mujer rencillosa en casa espaciosa.» (Prov. 21:9).

Ningún sexo tiene el monopolio de la mala conducta. Pero para quienes aceptamos el designio de Dios para la familia, está bien claro que es el hombre el que debe tomar la iniciativa para resolver los problemas. Esta obligación está implícita en el lugar de líder reconocido a los hombres. ¿Dónde comenzar? Que los maridos traten a sus mujeres con la misma dignidad y atención que ellos mismos dan a sus propios cuerpos. «Amándolas como Cristo amó a la iglesia y dio su vida por ella.» ¡Qué desafío! Si esto significa dominio masculino, entonces bien le vendría al mundo que los hombres lo dominaran.

¿Me tomará usted como un ostentoso si me atrevo a recurrir a un ejemplo personal? Espero que no, y ruego al lector que no interprete lo que sigue como una jactancia de mi parte.

Mi esposa Shirley y yo, hemos aplicado este precepto bíblico en todo nuestro matrimonio y hemos encontrado que es válido y verdadero. Habiendo vivido juntos desde catorce años que nos casamos, yo aún disfruto del placer de su compañía. En verdad, si tuviese que elegir una persona con la cual pasar una tarde libre, Shirley ocuparía el primer lugar en la lista. ¡Y ella experimenta lo mismo respecto a mí, lo cual es mucho más loable! Supongo que una buena frase para resumir nuestra situación sería esta: Shirley y yo, no sólo estamos casados el uno con el otro, sino que también somos buenos amigos. ¿Significa esto que no tenemos serias divergencias de opinión? Claro que no. ¿Significa que vivimos todos los días flotando sobre la nube rosa de un romántico amor de adolescentes? Mucho menos. ¿Quiere decir, tal vez, que hemos logrado derrotar totalmente la irritabilidad y todo otro tipo de fragilidad humana? En absoluto. Le voy a contar cuál es el único de nuestros problemas que no tiene solución. Existe un área de dificultades entre nosotros que requiere corrección o mediación, pero he perdido toda esperanza de poder llegar a un arreglo con ella: Shirley y yo nos manejamos con termostatos diferentes. Aun cuando hemos logrado llegar a ser «una sola carne» todavía no pudimos ponernos de acuerdo sobre cuánta temperaura deberemos tener. Mi esposa tiene helado el cuerpo por lo menos durante once meses al año, y se deshiela por unos pocos momentos durante el verano. Cerca del 14 de agosto, su temperatura se eleva por algo más de una hora, y luego vuelve a congelarse. Yo siento calor el año entero y vivo jadeando y rogando por un poco de brisa fresca en este ardiente clima de California. Esta diferencia de temperaturas corporales nos conduce a dramáticas luchas por el control de la calefacción en nuestra casa. «El hogar del hombre debe ser como su castillo», han dicho algunos. ¡Pero el mío más bien parece un horno!

Obviamente, el éxito de mi relación con Shirley no se basa en la perfección humana de ninguno de los dos. Es simplemente un producto de la preocupación por los sentimientos, las necesidades e intereses del otro. Se trata de dar, no de arrebatar. O como lo dice la fórmula matrimonial: «En honor, prefiriendoos el uno al otro.» Y por algún extraño capricho de la naturaleza humana, esta actitud mutua, produce grandes dosis de auto-estimación en los integrantes de la pareja.

Un penetrante enfoque sobre la realidad

Luego de describir las responsabilidades hogareñas de los esposos y padres, me siento obligado a considerar algunas cuestiones espinosas que dejan perplejas a muchas esposas cuyos maridos no les prestan mucha atención. Reconozcamos que tal vez sólo un 20 % de los lectores de este libro serán hombres. En consecuencia no podemos ignorar la preocupación de la mujer cuyo marido «debería ser» pero que no es lo que debe ser. ¿Qué actitud tomará ella si reiteradamente él ignora sus necesidades emocionales y no toma en cuenta sus anhelos? Qué pasa si él rechaza su papel de amoroso guardián de la familia? ¿Cómo puede una mujer enfrentarse con el abandono emocional? ¿O cómo puede conformarse con ocupar «el segundo lugar» después de su trabajo, de los deportes que transmiten por televisión, de una afición absorbente, o aún, después de otra mujer? Estaría faltando a la ética si escribo acerca de la depresión femenina sin enfrentar estos asuntos de capital importancia en la vida de la mujer. Pero si mis observaciones son correctas, puedo afirmar que muchas mujeres han intentado encontrar las respuestas a estas preguntas por sí mismas.

Antes de ofrecer mis sugerencias al respecto, hagamos una pausa para considerar los puntos de vista de algunos otros. Supongamos que una solitaria y descorazonada mujer visita la librería de su barrio para buscar el consejo de «los expertos» en la materia, a través de las cosas que han escrito. Tal vez leyendo algunos libros conocidos, pueda encontrar alguna ayuda. Así que buscará entre los ejemplares más destacados en la sección de «Matrimonio y familia» en la librería. Posiblemente el primer libro que encuentre se titule: «Matrimonio abierto.» Está considerado un verdadero «best-seller» actualmente en norteamérica, es decir, un libro que se ha vendido en una forma extraordinaria. Si ella lo compra y lo lee, aprenderá que un matrimonio no andará bien, en tanto ellos repriman algunas cosas que desearían hacer. Prepárese para recibir la enseñanza ahora: Según el decir de los autores, lo que obliga a permanecer juntos a una pareja es el hecho de saber que alguno de los dos se acostará mañana en la noche con otra persona distinta. Puede usted imaginarse a Jaime volviendo a su casa a las seis de la mañana para desayunar y a su esposa preguntándole: ¿Dónde has estado querido? «Vengo de dormir con Mónica, y he quedado muy cansado.» «Bien —responde su simpática esposa—, espero que puedas descansar para que cuides a los chicos, porque yo estoy comprometida para acostarme con Pedro esta noche.» ¿Ridículo? Claro que sí. Pero «Matrimonio abierto» ha vendido más de un millón de ejemplares entre desesperados y voraces lectores. Y como si lo anterior fuera poco, resulta que los desubicados autores de tan desatinado libro, han empezado a ser considerados como «expertos», en cuestiones de armonía familiar.

He aquí, cómo Judith Viorst, consideró a «Matrimonio abierto». Ella escribió un artículo titulado: «¿El hecho de estar casada significa que estoy anquilosada?»

«¿Así qué, cuál es la razón por la cuál un marido no pueda andar con otra mujer? ¿Por qué no puede una esposa irse al cine con otro hombre? ¿Por qué un hombre no puede tener sus amantes, aun después de casarse? ¿Por qué una mujer casada no ha de tener sus "amiguitos"?

»Pienso que podría tener una respuesta a estas preguntas, o que tal vez lo único que conseguiría sería ensuciarme la mente. Podría obtener algunas afirmaciones que respalden un punto de vista muy amplio en cuanto al asunto. Provienen del libro "Matrimonio abierto" de Nena y George O'Neill.

»Jorge: "Si Ana sale esta noche, deseo que lo pase bien. Ella volverá y compartirá su experiencia conmigo, y de tal manera mi vida también será enriquecida."

»(Puedo imaginarme esta escena: "Levántate Jaime, perdóname que llego atrasada. Pero ya sabes qué interesante es Antonio. Y espera que te cuente la increíble historia que me narró. Estoy segura que te enriquecerá mucho".)

»Otro feliz esposo les dijo a los O'Neill: "Es una grata experiencia caminar por la calle... y saber que si me encuentro con alguien, hombre o mujer, a quien yo desee conocer más profundamente, lo podré hacer sin sentirme culpable. Iremos a tomar un trago, podremos aprovechar algo de la espontaneidad del momento, y no tengo que sentirme preocupado de tener que explicar el asunto a mi regreso a casa."

»Bueno, ese hombre es afortunado por no estar casado con alguien como yo. Porque ese hecho le garantizaría que sí tendría "sentimientos de culpa". Y me tendría que dar explicaciones. Especialmente sobre esa parte de "aprovechar la espontaneidad del momento."

»En cuanto a mí, los O'Neill me señalarían que mi "matrimonio cerrado" me augura una vida matrimonial infeliz. El pasto es más atractivo del otro lado del vecino, pero sólo cuando uno ha construido la cerca que separa los dos lados, me dirían ellos. Entonces tenemos que buscar la tentación les respondería yo.»

Cerca de «Matrimonio abierto» sobre el anaquel, hay otro «best-selle» que le puede decir a nuestra deprimida amiga cómo hacer para sabotear definitivamente su matrimonio. Se titula «Divorcio creativo», y propone ideas tan innovadoras como éstas: «El divorcio no es el final de todo. Decídase y dígale adiós al asunto. Eso significa dar la bienvenida a maneras nuevas de ver el mundo y de relacionarse con la gente. ¡El divorcio puede ser la mejor cosa que le ocurra a usted!» ¿No les parece esto un enfoque muy original sobre la vida familiar? Abandone la aburrida existencia del hogar, y lánzese al mundo a la busca de deleites y placeres. Y si nuestra esposa recibe estas sugerencias irresponsables en un momento de depresión, ella puede terminar con la vida del matrimonio que ahora está agonizando. Todos los médicos saben cuán fácil resulta matar al paciente. Lo difícil es curarlo. Pero «Divorcio creativo» le dice al paciente que ignore cualquier otro medicamento que podría curarlo, restaurando la salud y la vitalidad de la vida familiar. Lo único que yo desearía saber es cuántos matrimonios ha logrado destruir este libro.

Actualmente, el bombardeo de soluciones irresponsables, por no decir detestables, para los problemas familiares, es abundante.

Si existe alguna idea que sea audaz y anti-cristiana, estoy seguro que alguien con título y credenciales, la ha recomendado en algún momento durante los últimos veinte años. Y seguramente consiguió compradores, debido a la gran bancarrota moral, y la confusión espiritual que nos envuelve. Ya hemos oído a una notable antropóloga, la doctora Margaret Mead, defender el

«Matrimonio a prueba» entre los jóvenes. Además se nos ha instado a que aceptemos los matrimonios colectivos, a que compartamos nuestra pareja, y a que cohabitemos juntos en grupos. También la música refleja la desorientación que existe en la búsqueda de una relación vital entre hombres y mujeres. Una de las ideas en boga, es que el amor romántico sólo puede sobrevivir en ausencia de un compromiso efectivo. El artista Glen Campbell expresa este concepto en una canción titulada: «La tranquilidad de mi mente.» Y dice: «El sabía que no era una firma seca sobre el certificado de matrimonio, lo que le retendría en el hogar. Podría irse cuando quisiera, y ella no lo perseguiría después. Se sentía con plena libertad para abandonarla...» Qué planteamientos tan egoístas! Qué errado el concepto de que pueda existir una mujer que permita que su marido vaya y venga, sin experimentar sentimientos de pérdida, rechazo o abandono. Qué ignorancia del poder que tiene el amor y el sexo para convertir a dos personas en una «sola carne». Y que esa «sola carne» se desgarra y se destroza en el momento de la separación. Y por supuesto, los hermanos Campbell no cantan nada acerca de los niños que pueden haber venido al mundo como producto de esa relación. Esos pequeños que vivirán anhelando que su padre les visite alguna vez. Que necesitarán el sostén económico de su progenitor. O que vagarán por las vías de algún ferrocarril, tomando café en pocillos viejos y soñando cosas agradables en su pobre imaginación. Usted puede imaginarse a una mujer sola, sentada con su hijito en la puerta de la casa, y diciéndole a su marido: «Adiós querido, vuelve cuando quieras.» Sin tomar en cuenta la increíble estupidez de la canción citada, debemos decir que ha alcanzado un record de ventas, entre personas que la han adquirido ciegamente, porque seguramente piensan que el amor sin compromiso ofrece una alternativa viable en reemplazo del matrimonio.

Por supuesto, no es difícil imaginar soluciones irresponsables y destructivas para problemas complicados. Siempre resultan más cómodas que aquellas que buscan proveer la salida del pozo. Admito que no poseo ni la solución ni la respuesta a cada problema que se presenta. No conozco la fórmula mágica que pueda transformar a un hombre frío e irresponsable, en una persona apasionada, comunicativa y romántica.

Pero puedo ofrecer algunas sugerencias que han sido muy útiles a muchas personas, de acuerdo a mi experiencia como consejero.

Primero, una mujer que desee ver renacer el fuego del romanticismo en su esposo, debe ingeniarse las formas de enseñarle a su marido acerca de las necesidades propias que ella experimenta. He intentado explicar anteriormente que los hombres tienen necesidades emocionales distintas a las de las mujeres. Y que es difícil para ellos comprender los sentimientos y deseos de sus esposas. Para solucionar esta falta de comprensión, las mujeres a menudo recurren al sermoneo, las súplicas, los regaños las quejas y las acusaciones. Esto es lo que a veces tiene que oír un hombre que regresa cansado de su trabajo: «¿Ernesto no podrías dejar el diario y ayudarme cinco minutos? ¿Acaso es demasiado pedirte que colabores conmigo sólo cinco minutos? Me parece que te preocupas muy poco de mis sentimientos... ¿Hace cuánto que no me llevas a cenar fuera? Pero si llegáramos a salir serías capaz de llevarte el diario... Tengo que decirte Ernesto que estoy pensando que no te ocupas mucho de mí, ni de los chicos... El día que expreses un poco de amor y comprensión me voy a caer muerta de un ataque..., etc., etc.»

Espero que mis lectoras femeninas comprendan que esta clase de retórica verbal, no sirve para enseñar nada, luego de un día de árduo trabajo. Esto es como ponerle a Ernesto una trituradora detrás del oído, y raramente se logra algo más que un gruñido, cuando se para y se va de la casa. El sermoneo para lo único que sirve es para entorpecer la comunicación en una forma asombrosa. Por contraste, la verdadera enseñanza está basada en tres habilidades: elegir el momento adecuado, buscar el ambiente apropiado, y expresarse en la forma correcta.

1. *El momento adecuado.* Seleccione un momento en que su esposo se halle reposado y tranquilo. Tal vez, después de la cena, o cuando se apaga la luz en la noche, o cuando se levante fresco a la mañana. El peor momento del día son los primeros seis minutos cuando acaba de llegar del trabajo. Y esa es justamente la hora más común en la que surgen las discusiones. No toque un tema difícil sin tener previamente definido el propósito que persigue. De esa manera podrá aprovechar cada oportunidad para alcanzar el éxito esperado.

2. *El ambiente apropiado.* La situación para decirle a su esposo que se ocupe un poco más de usted, es durante un paseo nocturno, o un viaje de fin de semana a un lugar agradable.

Si la falta de dinero impide tal recreación, trate de ahorrar disminuyendo otros gastos de la casa, o recurra a cualquier otra fuente de recursos. Pero si el asunto se presenta como imposible de concretar por tales razones, la mejor alternativa es conseguir alguien que cuide los chicos y salir a cenar solos. Si eso tampoco es viable, seleccione un momento cuando los niños estén ocupados en otra actividad, y asegúrese que el teléfono no vaya a interrumpir la conversación. De todas formas, lo ideal es tratar de alejarse lo más que puedá de los problemas y molestias habituales del hogar. Así gozará de mejores posibilidades para lograr una comunicación mucho más efectiva.

3. *La forma correcta*. Es importantísimo que su esposo no sospeche que tras las palabras suyas se esconde un ataque personal contra él. Los humanos estamos equipados con defensas personales que se ponen en guardia tan pronto nos sentimos amenazados. No active esos mecanismos defensivos. Por el contrario, encare el asunto en forma simpática, amorosa y comprensiva, tanto como le sea posible. Hágale saber que usted también intenta interpretar las necesidades y deseos de él, y no sólo las fallas y equivocaciones. Considere también los estados emocionales de su marido. Si él se encuentra cansado del trabajo, o si no se siente bien, o si recientemente ha sido golpeado por algunos eventos difíciles o circunstancias adversas, entonces posponga la conversación. Y cuando el momento adecuado, el ambiente apropiado, y la forma correcta converjan, es el instante oportuno para manifestarle sus sentimientos más profundos de manera tan efectiva como sea posible. Relea la primera parte de este libro, y como lo haría un buen «boy-scout»: esté bien preparada.

Por supuesto, una sola conversación no bastará para producir un cambio de actitud y de conducta permanente. La mujer que desea ser entendida estará constantemente enseñándole a su marido acerca de sus sentimientos y deseos, mientras a su vez, se interesa sinceramente por conocer los de él.

¿Cómo? ¿Estoy sugiriendo acaso que una mujer debería arrastrarse por el suelo como un perrillo faldero, suplicandode su amor una caricia en las orejas? Por supuesto que no. Es muy importante mantener un toque de dignidad personal y un sentido de aprecio por uno mismo, a través de toda la relación marido-mujer. Esto nos conduce a un detalle importante que requiere un buen énfasis. He observado que algunos (sino muchos) matrimonios, fracasan al no reconocer una característica universal de la naturaleza humana: *«Damos valor a aquello que deseamos obtener, y desacreditamos lo que ya poseemos. Codiciamos lo que está fuera de nuestro alcance, y despreciamos el mismo objeto, cuando se ha convertido en nuestra posesión permanente.»* Ningún juguete es tan divertido para jugar con él como aparentaba serlo a los absortos ojos del niño que lo contemplaba en la vidriera del negocio. Difícilmente un costoso automóvil provee la satisfacción que anticipaba el hombre que soñó con poseerlo. Este principio se muestra más exacto aún en asuntos románticos, especialmente en referencia a los hombres. Veamos el caso extremo de un don Juan, amante perpetuo que salta de una mujer a otra como un picaflor vuela de flor en flor. Su corazón late apresuradamente lleno de pasión ante la esquiva princesita que pierde su zapatilla de cristal cuando escapa raudamente. Y utiliza hasta la última gota de su energía intentando capturarla. Sin embargo, la intensidad de su deseo depende de la imposibilidad de su realización. En el momento en que logra materializar su apasionado sueño, empieza a preadelante, conforme avanza en una rutina diaria, su entusiasmo continúa decayendo, y finalmente es atraído por una nueva princesa, y comienza a planear cómo puede escaparse de su antiguo ideal.

Quiero aclarar que no puedo incluir a todos los hombres, ni siquiera a la mayoría de ellos en la categoría de don Juan. Tampoco puedo decir que son explotadores o inestables como el picaflor que he descrito. Pero en grado menor todos sufrimos del mismo mal. Muchas veces he visto una relación aburrida, en la cual entra como un violento torrente de nuevos deseos y anhelos, hasta el extremo de que una de las partes rechaza a la otra y termina yéndose de su lado. Luego de largos años de apatía, el «aburrido» súbitamente se inflama a manos de un romántico deseo, y de una acuciante esperanza.

Este mismo principio acaba de afectarme hace unos momento: Estoy escribiendo estas palabras en una sala de espera de un gran hospital, donde mi esposa está siendo sometida a una operación de cirugía abdominal, y me siento presa de la tensión y de la ansiedad. Aun cuando siempre hemos estado muy cerca el uno del otro, mi afecto y amor hacia Shirley alcanza su punto máximo en estos momento. Hace menos de cinco minutos un cirujano salió de la sala de operaciones con un rostro ceñudo. Le informó a un hombre que estaba cerca de mí que su esposa se consume atacada de cáncer. Le habló muy claramente acerca de los resultados desfavorables del análisis patológico que confirmaba la maligna enfermedad.

Yo tendré que esperar al cirujano que opera Shirley una hora más, y me siento muy vulnerable en estos instantes. Aunque mi amor por ella no flaqueó a través de estos catorce años juntos, jamás ha sido tan intenso como ahora que nos sentimos amenazados. Usted se podrá dar cuenta de que nuestras emociones no sólo son afectadas por el desafío de conseguir algo, sino también ante la posibilidad de la pérdida irrevocable. (El cirujano llegó cuando estaba escribiendo la frase de arriba. Dice que mi esposa ha soportado bien la operación, y que el examen patológico no ha reportado ningún tejido anormal. ¡Y yo me siento un hombre feliz! Pero simpatizo profundamente con esa familia menos afortunada cuya tragedia acabo de presenciar.)

Un ejemplo mejor de lo inconstante de nuestras emociones, lo encontramos en mi primera relación con Shirley. Cuando nos conocimos, ella estudiaba en la secundaria y yo iba un poco más adelantado. Me sentía como un gran hombre en la universidad y consideraba mi noviazgo con esa adolescente como algo sin mucha importancia. Ella, aun cuando había tenido éxito entre los muchachos, se sentía gratamente impresionada por la independencia que yo le demostraba. Me deseó porque no estaba muy segura de lograr alcanzarme. Pero su interés, sirvió para apagar el mío. Luego de la graduación, tuvimos una de esas largas conversaciones bien conocidas por todos los novios del mundo. Le dije que me gustaría que compartiera con otros jóvenes que la admiraban, mientras yo iba al servicio militar, porque personalmente no tenía pensado casarme con nadie, en forma inmediata. Nunca olvidaré su reacción. Esperaba que ella me gritara, e intentara retenerme a su lado. Por lo contrario, me dijo: «He estado pensando lo mismo, y me agrada la idea de conocer a otros muchachos, porque no sé que será de nuestra relación ahora que debemos separarnos.» Esa respuesta me desarmó. Pues durante el primer tiempo de nuestra relación fue ella la que me buscó. Pero lo que yo no supe entonces, fue que Shirley cerró calmadamente la puerta de su casa y estuvo llorando toda la noche.

Yo me fui a la armada, y luego regresé a la Universidad de California para proseguir mis estudios. Para ese tiempo, Shirley se había convertido en una hermosa mujer, y una estudiante muy conocida. Era reina y presidenta de su clase, y figuraba en el catálogo de «Quién es quién en las Universidades norteamericanas». Era una de las chicas más populares de la universidad. Como podía esperarse, de repente cobró mucho atractivo para mí. Empecé a llamarla varias veces por día, investigué con quién compartía su tiempo libre, y traté de agradarle a través de muchas maneras.

Sin embargo, en el momento en que Shirley captó mi entusiasmo y ansiedad, su afecto hacia mí comenzó a decaer. Se había apagado el atractivo con que yo la había impresionado dos años antes. Ahora era yo el que tocaba a su puerta y suplicaba sus favores.

Un día, luego de un asunto poco agradable, tuve que sentarme en el escritorio y pasar dos horas completas analizando lo que estaba sucediendo. Fue durante esa introspección que me dí cuenta del error que andaba cometiendo. Brilló la luz en mi mente, tomé un lápiz y escribí diez cambios que debía hacer inmediatamente en cuanto a nuestra relación. Primero: Siempre demostraría dignidad personal y auto-respeto, aun si llegaba a perder a la mujer que amaba profundamente. Segundo: Decidí transmitir la siguiente actitud en todo momento que tuviera oportunidad: «Yo estoy marchando hacia adelante en la vida, y espero llegar a alguna parte. Te amo y me gustaría que eligieras venir conmigo. Si lo haces, me entregaré a ti completamente y trataré de hacerte feliz. Sin embargo, si no deseas emprender esta aventura conmigo, yo no voy a obligarte a ello. Tienes que tomar una decisión y yo estoy dispuesto a aceptarla.» Había otra serie de elementos que integraban mi nueva estrategia, pero todos ellos giraban alrededor de una actitud de confianza propia e independencia personal.

La primera noche que explique esta nueva fórmula fue una de las experiencias más brillantes de mi vida. La chica que hoy es mi esposa, me vio como ausente en mis pensamientos a través de toda la tarde, y reaccionó alarmada. Ibamos andando en silencio en mi auto, y Shirley me sugirió que paráramos a un lado del camino. Cuando lo hice, me puso las manos alrededor del cuello y me dijo: «Estoy asustada. Siento que te estoy perdiendo, y no sé cuál es la razón. ¿Realmente, tú me amas?» A la luz de la luna, pude observar que tenía lágrimas en los ojos. Por supuesto ella no alcanzaba a escuchar los latidos de mi corazón cuando yo le hice mi discurso acerca del viaje que quería realizar por la vida. ¿Se dá cuenta? Yo había vuelto a convertirme en un desafío para Shirley, y ella respondió en una forma hermosa.

Esta fuerza psicológica que dirige nuestro ir y venir en la relación con otros, es muy importante, y se presenta como una cualidad universal en toda la naturaleza humana. Perdóneme la repetición, pero quiero recalcarla: «*Anhelamos lo que no podemos obtener, pero despreciamos lo que ya no se nos puede escapar.*»

Dicho axioma es particularmente importante en asuntos románticos y seguramente que tiene influencia en la vida del lector. Además, otra característica digna de tener en cuenta, es que el matrimonio no borra ni cambia esta verdad. Donde quiera que una mujer revele a su marido el miedo de que él la deje o la rechace, crecerá el sentimiento de subestimación de ella. Cuando mendiga y suplica por una caricia, a menudo recibe una actitud desdeñosa de aquél a quien ama y necesita. Al igual que en el noviazgo, nada apaga más la llama del amor que el hecho de un integrante de la pareja que se apoya en el otro, hasta el punto de perder su respeto propio. Es como si dijera: «No importa que tan mal me trates. Yo permaneceré a tus pies, porque no podría vivir sin ti.» Esta es la mejor manera que conozco para matar un hermoso romance.

¿Así que estoy recomendando que marido y mujer se arañen y lastimen mutuamente con tal de mostrar su independencia? ¡No! ¿Entonces sería cuestión de jugar un poco «al gato y al ratón» para crear una atmósfera de interés? Tampoco. Yo sugiero simplemente, que en la relación matrimonial es importante mantener el respeto propio, y la dignidad personal. Veamos un ejemplo.

Supongamos que un esposo empieza a mostrar signos de desinterés en su mujer. Digamos que su vida sexual llega a niveles muy bajos, y que toda la emoción que la debe acompañar, no es más que un recuerdo lejano en vez de ser una realidad vigente. (La declinación de una relación de pareja, casi nunca es brusca. Siempre es lenta y paulatina). Cuando la relación ha descendido a un nivel bajo, el marido trata a la mujer con rudeza, y con desprecio, aun delante de terceras personas. Luego cuando llegan a casa, la aísla anteponiendo una fría barrera de silencio. Estos son síntomas de una situación a la que yo llamo «el síndrome del marido atrapado». Muy frecuentemente el marido se encuentra rumiando los siguientes pensamientos: «Ya tengo 35 años de edad.. Ya no soy tan joven. ¿Realmente quiero pasar el resto de mi vida al lado de esta única mujer? Me siento aburrido de ella, y hay otras que me interesan más. Pero no puedo dejarla simplemente arguyendo que estoy enamorado de otra.» Estos son los sentimientos que comúnmente proceden a una infidelidad secreta. Y pueden hacerse sentir en la tirantez que exista entre marido y mujer.

¿Cómo debe responder una mujer cuando capta esta situación y constata que su marido se siente «atrapado»? Obviamente, lo peor que podría hacer es intentar reforzar el cerco alrededor de él. Aunque ésta puede ser su reacción inicial. Ella piensa cuán importante es él en su vida, y qué sería de su existencia sin la compañía de su esposo, si éste llega a enredarse con otra mujer. Su ansiedad puede empujarla a querer agarrarlo y retenerlo, y las súplicas y los ruegos lo que lograrían sería que él la despreciara más y que la relación se deteriore más rápidamente. Existe una mejor solución que he comprobado es muy efectiva en mi experiencia como consejero matrimonial. Lo más exitoso para atraer a un cónyuge que se está escurriendo de la relación, es no seguirle la corriente cuando él trata de salirse de ella. En vez de decir: «¿Por qué actúas de esa manera conmigo? ¿Por qué no te ocupas de mí alguna vez? ¿Por qué no me hablas?» Una esposa podría tratar de atraer la atención hacia ella misma. Cuando se cruzan por la casa, y ella lo puede tocar o decirle algo, pasar simplemente sin darle importancia.

El silencio de él, será retribuido con el silencio de ella. Pero no debe ser hostil ni agresiva y tampoco estar lista para explotar cuando él le pregunte qué le está pasando. Responderá en buenos términos, con confianza, independencia y misterio. El propósito de esta conducta es abrirle la puerta de la trampa en la que él se siente. En vez de colgarse del cuello de su marido como una sanguijuela, ella suelta la «presa» pero lanza un desafío a la mente de él. El marido comenzará a pensar que si se va lejos perderá algo especialmente precioso. Y si no reacciona ante esto, quiere decir que la relación está helada, petrificada y muerta.

Lo que estoy tratando de transmitir es algo tremendamente difícil de expresar en forma escrita. Y estoy seguro de que alguno de mis lectores puede interpretarme de manera incorrecta. No he sugerido que la mujer monte en cólera, que se plante y reclame sus derechos, o que se ponga de mal humor y se refugie en el silencio. Por favor, le ruego que no me asocie con esas tendencias contemporáneas que están queriendo movilizar a las tropas femeninas para llevarlas a la guerra con el sexo opuesto. Porque nada es menos atractivo para mí que una mujer enfurecida tratando «de retener su presa» a cualquier costo. ¡No! La respuesta no se halla en la agresión ni en la hostilidad, sino en el silencio y la quietud que emanan del respeto por uno mismo.

En resumen, la dignidad personal en el matrimonio debe ser mantenida en la misma forma que lo fue durante el noviazgo. La actitud correcta será: «Yo te amo y estoy comprometido contigo. Pero sólo puedo controlar la mitad de nuestra relación, y no puedo obligarte a que me ames. Tú llegaste a mí como una persona libre, cuando nos casamos. La misma libertad es necesaria para mantener nuestro amor. Si quisieras apartarte de mí, me sentiré destrozado y sufriré mucho.

Pero no intentaré retenerte. A pesar de todo te dejaré ir, y finalmente lograré sobrevivir. Yo no pude obligarte a que me amaras en el principio, y ahora lo único que puedo hacer es pedírtelo.»

En cuanto a la recomendación de que una mujer enseñe a su marido acerca de sus propias necesidades, esto sólo se puede llevar a cabo en una atmósfera de respeto propio que ya hemos descrito. Y realmente sólo en esa forma puede ser enfrentado.

El significado del Amor

Me interesa sobremanera el hecho de que gran parte de la gente joven está creciendo con un concepto distorsionado acerca del amor romántico. Existen algunos pensamientos que confunden el verdadero amor con la pasión, e idealizan tanto el matrimonio, que lo llevan a extremos que no son reales. Para ayudar a resolver tal situación, he preparado un cuestionario que puede ser usado en la enseñanza de los jóvenes. Para mi propia sorpresa, he hallado que muchos adultos no alcanzan a obtener puntajes más altos que los de la mayoría de los jóvenes. Si alguien se anima a comprobar su propia comprensión del amor romántico incluyo el cuestionario a continuación:

Creencias acerca del amor: Un auto-examen

Marque con un círculo la respuesta correcta.

1. Creo que el amor «a primera vista», ocurre sólo entre ciertas personas   Falso — Verdadero
2. Creo que es fácil distinguir el amor real de la pasión   Falso — Verdadero
3. Creo que la gente que realmente se ama, no pelea ni discute   Falso — Verdadero

4. Creo que Dios selecciona una persona en particular para que uno se case con ella, y lo guía para encontrarse y casarse   Falso — Verdadero

5. Creo que si un hombre y una mujer se aman genuinamente, los problemas y dificultades no afectarán su relación   Falso — Verdadero

6. Creo que es mejor casarse, aunque sea con la persona equivocada y no permanecer soltera y solitaria toda la vida   Falso — Verdadero

7. Creo que no es nocivo llegar al acto sexual antes del matrimonio, si la pareja mantiene una buena relación   Falso — Verdadero

8. Creo que si una pareja está verdaderamente enamorada, permanecen en esa condición el resto de la vida   Falso — Verdadero

9. Creo que noviazgos cortos (seis meses o menos) son mejores que los más largos   Falso — Verdadero

10. Creo que los adolescentes son más capaces de experimentar genuino amor que la gente adulta   Falso — Verdadero

Aunque indudablemente pueden surgir algunas diferencias de opinión al responder las preguntas de este cuestionario, yo estoy completamente seguro cuáles son las respuestas correctas. En realidad creo que gran parte de muchos problemas matrimoniales se originan en una mala comprensión de estos diez temas planteados. La confusión empieza cuando un muchacho conoce a una chica, y el cielo entero parece estallar en una explosión romántica. En medio del humo, el fuego, la luz y el trueno, tenemos a dos adolescentes que se encuentran sumergidos en la aventura del amor. El enamoramiento, hace que la adrenalina y 64 hormonas más, sean lanzadas al torrente cardio-vascular y que cada fibra nerviosa se cargue con 110 voltios de electricidad. Todos estos componentes ascienden por la médula espinal y llevan al cerebro un mensaje excitante: «¡Este es! La búsqueda ha terminado. Al fin encontré mi ser humano perfecto. ¡Que viva el amor!»

Para nuestra joven pareja, esto es lo más hermoso que jamás le podría ocurrir. Quieren estar juntos las 24 horas del día; desean caminar bajo la lluvia o sentarse cerca del fuego, abrazarse, mimarse, besarse y morderse. Se dan cuenta que comparten los mismos pensamientos, y no dejan pasar mucho tiempo antes de comenzar a hablar de matrimonio. Fijan una fecha, reservan el templo, charlan con el ministro religioso y ordenan las flores. Y llega la gran noche, entre lágrimas de madres, sonrisas de padres, envidia de los amigos, y niños pequeños que van tirando flores al paso del cortejo. Las velas están encendidas y la hermana de la novia canta una hermosa canción. Formulan los votos matrimoniales, intercambian los anillos entre dedos temblorosos, el predicador invita al novio a besar a su nueva esposa, y salen por el pasillo, mientras los «flashs» de los fotógrafos destellan una y otra vez. Se dirigen al salón donde realizarán la recepción, y los amigos y gente que expresa buenos augurios abrazan y besan a la novia, guiñan un ojo al novio, se comen toda la tarta, y siguen atentamente las instrucciones del fotógrafo contratado para la ocasión. Finalmente los flamantes esposos salen del salón entre una lluvia de papelitos y de arroz y se lanzan a su luna de miel. Así, el hermoso sueño se mantendrá en pie, durante esos días robados a la vida real.

La primera noche en el hotel, no sólo resulta menos excitante de lo que se había pensado. Puede, hasta transformarse en un drama tragicómico. Ella se encuentra tensa y cansada. El exhibe una falsa auto-confianza. Y para empezar, se enfrentan con la experiencia sexual bajo el temor de un posible fracaso. Sus amplias expectaciones acerca del lecho matrimonial pueden ser perturbadas por el miedo, la decepción o la frustración. Como muchos seres humanos padecen de un neurótico deseo de sentirse sexualmente competentes, culpan al otro miembro de la pareja de sus propios fracasos en lograr plena satisfacción. Y esto añade una nota de amargura y resentimiento a su relación.

A las tres de la tarde del día siguiente, él se detiene un instante a pensar sobre el asunto: «¿Habre cometido un error al casarme?» El silencio de él, acrecienta la ansiedad de ella, y la semilla de la desilusión comienza a germinar. Cada uno tiene tiempo ahora, de pensar acerca de las consecuencias de su nueva situación, y ambos empiezan a sentirse atrapados.

La primera discusión surge por una tontería: No se ponen de acuerdo sobre la cantidad de dinero que pueden gastar en la cena de su tercera noche de luna de miel. Ella desea ir a un lugar romántico y de buen ambiente. El desea comer lo más barato que sea posible. La llamada asciende sólo unos pocos minutos, y es sofocada en medio de mutuas disculpas, pero ya han intercambiado algunas palabras duras. El hermoso sueño se ha visto infiltrado por un elemento mordaz e incisivo. Y ya muy pronto aprenderán a herirse el uno al otro de manera más efectiva.

De todas formas, realizan su viaje de bodas en seis días y regresan para instalarse en su hogar y comenzar a vivir juntos. Entonces, el mundo comienza a desintegrarse, y se va haciendo pedazos delante de sus propios ojos. La siguiente discusión es más acalorada y más amarga que la primera. El se va de la casa por dos horas, y ella llama por teléfono a su mamá. Durante todo el primer año, se enfrentarán en una lucha de voluntades, y cada uno tratará de imponerse al otro. En medio de las escaramuzas de esta guerra, ella abandona el consultorio del ginecólogo con estas palabras resonándole en los oídos: «Tengo buenas noticias para usted, señora Ramírez». Y si hay algo en el mundo que la señora Ramírez no desea en este momento, son las «buenas noticias» de un ginecólogo. A partir de aquí y hasta el conflicto final, tenemos a dos jóvenes desengañados y destrozados, que se preguntan cómo pudo haber ocurrido todo esto. Además, ha nacido un pequeñín inocente que jamás podrá disfrutar de los beneficios de un hogar estable. Será criado por su madre, y siempre preguntará: «Mamá, ¿por qué papá no vive aquí, con nosotros?»

El cuadro que he pintado, no refleja la realidad de todos los hogares formados por jóvenes, pero sí representa con exactitud a un buen número de ellos. La tasa de divorcios en los Estados Unidos es la más alta del mundo, y está en constante aumento. En el caso de nuestra desilusionada parejita, ¿qué pasó con sus hermosos sueños? ¿Cómo fue posible que esa relación que se inició con tanto entusiasmo pudiera llegar tan pronto a los extremos de la hostilidad y del odio? No existía una pareja más enamorada al comienzo, pero su felicidad se hizo añicos delante de sus propias caras. ¿Por qué no duró más? ¿Cómo pueden otros evitarse este tipo de sorpresas?

Por eso es preciso entender el verdadero significado del amor romántico. Tal vez las respuestas a nuestro cuestionario nos ayudarán para alcanzar tal objetivo.

1. *Creo que el amor «a primera vista» ocurre sólo entre ciertas personas.*

Tal vez algunos lectores no estén de acuerdo con mi respuesta, pero el amor a «primera vista» es imposible, física y emocionalmente hablando. ¿Por qué? Porque el amor no es simplemente un sentimiento de romántica excitación. Es más que el deseo de conseguir pareja. Va mucho más allá de una simple atracción sexual. Y excede a la alegría de haber «capturado una buena presa» de cierta posición social. Estas son emociones capaces de suscitarse a primera vista, pero ellas no constituyen el amor verdadero. Yo deseo que todo el mundo conozca este hecho. Estos sentimientos temporarios difieren del amor en el sentido de que ellos enfocan toda su atención hacia uno mismo. «Pero ¿qué me está pasando a mí? Esta es la experiencia más fantástica que jamás me ha sucedido. ¡Yo creo que estoy enamorado!» Como puede darse cuenta, estas emociones son egoístas, porque se dirigen hacia nuestra propia gratificación. No toman muy en cuenta a la persona amada. Un amor así, no está realmente comprometido con la otra persona. Simplemente, uno se ama a sí mismo. Y existe una enorme diferencia entre esa clase de amor y el verdadero sentimiento de entrega y compromiso.

Las canciones populares entre los adolescentes reflejan una gran ignorancia acerca del significado el amor verdadero. Una de ellas afirma: «Luego de bailar juntos, mi corazón palpitaba, y supe que estaba enamorado de ti.» Y yo me maravillaría si éste que canta mantiene su declaración a la mañana siguiente. Otra confiesa: «Yo no sabía qué hacer, así que la miré y le dije: Yo te amo». Esto realmente me exacerba. La idea de un compromiso profundo para toda la vida, parece algo sin importancia. Un conjunto vocal grabó hace unos años una canción que también demostraba una total ignorancia y falta de comprensión de lo que es el verdadero amor. Decía: «Hoy me he levantado enamorado, porque te he tenido presente en mis sueños». Un amor así es un fantasma mental, y así también permanece. Finalmente, un grupo de rock llamado «Las Puertas», se ganó el premio por el número musical más desubicado del siglo: «¡Hola!, yo te amo. ¿No te gustaría darme tu nombre?»

¿No sabe usted que la idea del matrimonio basado en el amor romántico es algo que ha tomado fuerza hace muy poco tiempo en la historia de la humanidad? Hace más de 1200 años antes de Cristo, que los matrimonios eran pactados por las familias del novio y de la novia. Y nunca ocurría el hecho de que alguien se diera cuenta que «estaba enamorado». En verdad el concepto del amor romántico fue popularizado por William Shakespeare. Y hay momentos en que desearía que el dramaturgo inglés estuviese aquí, con nosotros, para ayudarnos a desenredar los líos que se suscitan por culpa de sus ideas.

El amor real, en contraste con las nociones populares, es la expresión de un profundo aprecio por otro ser humano, interés por su persona, necesidades y deseos, ayer, hoy y siempre. Es altruista, se preocupa por el otro, y se da a sí mismo. Y créanme, amigos lectores, éstas no son actiudes en las cuales uno puede comprometerse «a primera vista».

Yo he podido disfrutar una larga vida de amor con mi esposa, pero nuestra experiencia no ha sido instantánea. Hemos crecido juntos dentro de ella y este proceso tomó su tiempo. La conocía de vista a Shirley, antes de poder admirar la profundidad y estabilidad de su carácter, y comenzar después a penetrar en los matices de su carácter que ahora aprecio más. La familiaridad de la cual ha brotado ese amor, no hubiese podido ser reemplazada por «aquella maravillosa tarde en la cual te vi, en medio de un salón lleno de gente». Uno no puede amar a alguien a quien no conoce. Y no importa ¡qué tan atractivo, encantador o excitante pueda parecernos!

2. *Creo que es fácil distinguir el amor real de la pasión.*

Nuevamente la respuesta es: falso. Podemos ascender hasta las estrellas en el comienzo de una relación romántica que se presenta respaldada por las señales de ser algo que durará toda la vida. Intente convencer a un extasiado soñador de 16 años de que él no está enamorado verdaderamente... sino que se encuentra apasionado... es capaz de saltarle encima con su guitarra y cantar: «El amor de los jóvenes es amor verdadero, lleno de gran emoción, el amor de los jóvenes es amor verdadero, lleno de gran devoción». El sabe lo que siente, y siente muchísimo. Pero tratará de disfrutar del asunto mientras dura, porque presiente que tendrá su punto final.

Deseo recalcar este hecho con el mayor énfasis: la excitación proveniente de la pasión no es una condición permanente. ¡Es pasajera! Y si espera vivir en la cumbre de la pasión año tras año, ¡olvídelo ahora mismo! Como ya lo dijimos en el segundo capítulo, las emociones fluctúan de lo alto a lo bajo, y viceversa en un ritmo que es cíclico. Y puesto que la pasión es una emoción, también es cíclica. De manera que si confundimos el brillo de la atracción sexual con el amor verdadero, la desilusión y el desencanto, vendrán inevitablemente.

¿Cuántas parejas jóvenes que caen «enamoradas» se embarcan en un matrimonio, sin esperar que sus emociones hayan seguido el proceso normal que hemos descrito? Luego, cualquier mañana, se despiertan sin el agradable sentimiento, y concluyen afirmando que su amor ha muerto. La realidad es que jamás existió verdaderamente. Se han engañado por una fuerte emoción. Estaba tratando de explicar este «sube y baja» característico de nuestra naturaleza psicológica a un grupo de 100 parejas jóvenes con las cuales hablaba. Durante el período de discusión, alguien preguntó a un muchacho del grupo por qué él se había casado tan joven. Y la respuesta fue: «Porque no sabía eso del "sube y baja" de las emociones, hasta que fue demasiado tarde». Esta es la verdad. Tal variación en las emociones ha servido para atrapar a más de un joven romántico.

La línea de las emociones se ve empujada arriba o abajo, de acuerdo a las circunstancias de la vida. Aun cuando un hombre y una mujer se amen profunda y genuinamente, se pueden encontrar sobrecargados emocionalmente alguna vez, y otras completamente vac:os. *Sin embargo, este amor no se define por el «sube y baja» de las emociones, sino que depende de un compromiso de sus voluntades.*

Intenté expresarle esta idea a mi esposa en una tarjeta de aniversario escrita hace unos seis años. La reproduzco a continuación:

A mi querida esposa Shirley, en ocasión de nuestro octavo aniversario:

Estoy seguro que recordarás las muchísimas ocasiones durante estos ocho años en que el curso de nuestro amor alcanzó grandes alturas... momentos cuando nuestros sentimientos del uno hacia el otro parecían ilimitados. Esta clase de intensa emoción no surge espontáneamente, sino que frecuentemente va acompañada de una ocasión de especial felicidad. La experimentamos cuando me ofrecieron mi primer trabajo como profesional. Y cuando trajimos del hospital a la casa, el bebé más hermoso del mundo. La experimentamos también, cuando la Universidad de California me eligió para otorgarme un grado doctoral. ¡Pero las emociones son extrañas! Sentimos la misma unidad cuando tuvimos que enfrentarnos con eventos de carácter muy opuesto: cuando la amenaza y la posibilidad del desastre, rondaron nuestras vidas. Experimentamos la misma unidad cuando un problema médico casi nos obliga a posponer nuestro casamiento. La sentimos cuando fuiste hospitalizada el año pasado. Yo la sufrí intensamente cuando me arrodillé ante ti, mientras estabas inconsciente luego de un terrible accidente automovilístico.

Lo que estoy tratando de decirte es esto: Ambas circunstancias, la felicidad y la amenaza, provocaron un irresistible sentimiento de aprecio y afecto dentro de nuestros corazones. Pero lo cierto es que la vida no está hecha ni de grandes desastres, ni de inusual felicidad. Más bien se compone de la rutina, la calma y los eventos diarios en los cuales participamos. Y durante esos momentos, yo he disfrutado de la quietud y serenidad del amor que sobrepasa cualquier despliegue de efervescencia. Tal vez no se muestre exuberante en apariencia, pero se mantiene sólido y profundo. Y me siento muy firme en esta clase de amor al llegar a nuestro octavo aniversario. Hoy siento la calma y el sereno cariño que proviene de un corazón afectuoso. Y me siento comprometido contigo y con tu felicidad, ahora más que nunca antes, y deseo tenerte siempre conmigo.

Cuando las circunstancias especiales de la vida nos unan, disfrutaremos de esa emoción en forma excitante y romántica. Pero durante la rutina de la vida, como hoy, mi amor no disminuye, sino que permanece. Feliz aniversario, para mi linda esposa.

Tuyo,

JIM.

107

La frase clave de mi tarjeta es: «Yo estoy comprometido contigo». Como se podrá ver, mi amor por Shirley no disminuye ni desaparece ante cualquier cambio de viento o por circunstancias o influencias del ambiente. Aun suponiendo que mis inestables emociones fluctuaran de un lado al otro, mi compromiso se mantendrá sólidamente afirmado en el mismo lugar. Porque yo he elegido amar a mi esposa y esa elección se encuentra respaldada por un compromiso de mi voluntad. «En enfermedad y en salud, en riqueza y en pobreza; en las buenas y en las malas desde hoy en adelante...»

Lamentablemente, ese esencial compromiso de la voluntad se encuentra ausente en muchos matrimonios modernos. «Yo te amo —dicen algunos—. Tanto tiempo como sienta atracción hacia ti.» O «tanto tiempo hasta que encuentre otra persona mejor», o «tanto tiempo como dure mi capacidad para mantener esta relación». Y tarde o temprano el amor sin compromiso se disipará como la neblina.

¿Cómo podemos distinguir el amor real de la pasión temporaria? Si los sentimientos no son tan dignos de confianza, ¿cómo puede uno arriesgarse a contraer este compromiso de la voluntad? Existe una sola respuesta a esa pregunta: Se necesita tiempo. El mejor consejo que yo puedo darle a una pareja que esté pensando en casarse es: No tomen ninguna decisión importante para el resto de la vida en forma rápida o impulsiva. Y si tienen alguna duda... esperen un buen tiempo. He aquí una buena sugerencia para que todos nosotros la apliquemos.

3. *Creo que la gente que realmente se ama, no pelea ni discute.*

En verdad, dudo si esta pregunta merece una respuesta. Algunos conflictos conyugales son tan inevitables, como la salida del sol, aun en matrimonios que se aman genuinamente. Sin embargo existe una diferencia entre conflictos saludables y conflictos malsanos, y todo depende de cómo enfrentemos el asunto. En un matrimonio inestable, la hostilidad es lanzada directamente a la cara del otro: «Nunca haces nada bien. ¿Por qué me casé contigo? Eres increíblemente estúpida y cada día te vas pareciendo más y más a tu madre». Esas referencias personales, hieren lo más profundo de la dignidad personal y producen un desastre interno. Frecuentemente provocan en el otro cónyuge el deseo de responder en la misma forma, utilizando comentarios hirientes y odiosos, y aderezándolos con lágrimas e injurias. El propósito definido de este comportamiento agresivo es el de herir, y las palabras pronunciadas en ese espíritu nunca se olvidan. Aun cuando hayan sido dichas en un momento de ira y descontrol. Obviamente, cada enfrentamiento morboso como éste, va destruyendo el compañerismo matrimonial. Los conflictos saludables por otro lado, se mantienen circunscriptos al área en la cual se suscitó el problema. «Estás gastando el dinero en forma más rápida de lo que yo puedo ganarlo.» «Me trastornas todo cuando no me avisas que llegarás a cenar tarde.» «Me sentí muy mal cuando me hiciste quedar como un tonto en la fiesta de anoche.» Estas áreas de enfrentamiento, aunque crean cierta tensión emocional, son mucho menos dañinas para la personalidad de las parejas que se enfrentan. Una pareja sana puede tratar de cambiar estos detalles, a través de pactos y compromisos, y sin tener que lanzarse púas el uno al otro a la mañana siguiente de producido el problema.

La habilidad de poder enfrentarse correctamente es tal vez la técnica más importante que deben aprender los recién casados. Aquellos que no dominan esta técnica optan generalmente por dos alternativas: a) sepultan la ira y el resentimiento bajo una capa de silencio, debajo de la cual va creciendo y desarrollándose a través de los años. b) Se la lanzan directamente a la cara de la otra persona. Y los juzgados que se encargan de la tramitación de divorcios están repletos de parejas que practicaron las dos posibilidades.

4. *Creo que Dios selecciona una persona en particular para que uno se case con ella, y que lo guía para encontrarla y casarse.*

Un muchacho joven a quien yo atendía me contó que a medianoche se despertó con la fuerte impresión de que Dios deseaba que se casara con una chica a la que sólo había visto en contadas ocasiones. Ni siquiera salían juntos en ese momento, y no se conocían casi nada el uno al otro. La mañana siguiente, él llamó a la chica y le contó el mensaje que supuestamente Dios le había dado durante la noche. Ella se imaginó que sería imposible discutir con Dios y aceptó la propuesta. Ahora llevan siete años de casados y están luchando para hacer sobrevivir su matrimonio, por lo menos hasta el próximo aniversario de bodas.

Algunos que piensan que Dios garantiza a los cristianos un matrimonio exitoso, pueden sufrir un choque. Esto no significa que Dios sea indiferente a nuestra elección, o que El no responda un pedido específico donde le rogamos que nos guíe en una decisión tan importante. Deberíamos buscar su Voluntad en este aspecto tan fundamental. Yo consulté muchas veces con Dios, antes de proponerle matrimonio a la que hoy es mi esposa. Sin embargo, no creo que Dios tenga una ruta prefijada de antemano para todo aquel que es su servidor en cuanto al matrimonio. El nos ha dado sentido común, capacidad para juzgar y poder para discernir, y espera que nosotros ejercitemos estos dones en los asuntos concernientes al casamiento. Aquellos que piensan de otra forma corren el peligro de entrar en el matrimonio pensando en forma ambigua: «Dios hubiese podido romper todo esto, si El no lo hubiese aprobado». A la cándida persona que piense tal cosa, lo único que yo puedo decirle es: «Que tenga suerte».

5. *Creo que si un hombre y una mujer se aman genuinamente, los problemas y dificultades no afectarán su relación.*

Otra errada creencia acerca del significado del verdadero amor, es que éste es tan invulnerable a las tormentas de la vida como una especie de peñón de Gibraltar. Mucha gente parece pensar que el amor está destinado a conquistarlo todo. Los Beatles estimularon esta opinión con aquella canción: «Amor es todo lo que necesitamos. Todo lo que necesitamos es amor». Lamentablemente necesitamos algo más.

He pasado gran parte de mi vida profesional trabajando en el departamento de niños del Hospital de Los Angeles. Allí enfrentamos muchos problemas genéticos y de metabolismos, los cuales significan retardo mental en los infantes. El impacto emocional que tal diagnóstico puede causar en una familia es a menudo devastador. Aun en matrimonios amantes y estables, la culpa y el desencanto de haber traído al mundo un deficiente mental, puede conducir a situaciones de incomunicación entre padres desolados. En una forma similar el árbol del amor puede ser lastimado por los problemas financieros, la enfermedad, los fracasos comerciales o la separación prolongada.

En resumen, concluimos diciendo que el amor es vulnerable al sufrimiento y al dolor, y a menudo se tambalea cuando es golpeado por las circunstancias de la vida.

6. *Creo que es mejor casarse aunque sea con la persona equivocada, y no permanecer soltera y solitaria toda la vida.*

Otra vez la respuesta es: falso. Generalmente hablando es menos doloroso sobrellevar la soledad que vivir la constante tensión emocional de un matrimonio infeliz. Pero la amenaza de ser una «vieja solterona» (un término que yo detesto) empuja a muchas chicas a treparse al primer tren matrimonial que pase, y casarse con cualquier candidato. Con frecuencia el boleto es simplemente un pasaje hacia el desastre.

7. *Creo que no es nocivo llegar al acto sexual antes del matrimonio, si la pareja mantiene una buena relación.*

Este punto representa la más peligrosa de todas las ideas populares acerca del amor romántico, tanto para el individuo como para nuestro futuro como nación. Hemos presenciado durante los pasados quince años, el derrumbe de nuestras normas sexuales y de los conceptos tradicionales de moralidad. Respondiendo a la firme arremetida de la industria del placer y de los medios masivos de comunicación, nuestro pueblo ha empezado a creer que las relaciones extramatrimoniales son saludables, las experiencias prematrimoniales son buenas, la homosexualidad es aceptable, y la bisexualidad es aún mejor. Estas ideas son una muestra de la estupidez en materia sexual de esta era en que vivimos, pero son creídas y aplicadas por millones de ciudadanos norteamericanos. Un reciente estudio entre estudiantes secundarios reveló que un 25 % de ellos se han acostado con una persona del sexo opuesto por un período mínimo de tres meses. De acuerdo a otra investigación, el 66 % de los estudiantes de secundaria respondieron que las relaciones prematrimoniales son aceptables cuando las dos personas así lo consientan o «cuando una pareja ya ha fijado fecha, y se preocupan el uno por el otro». Nunca me consideré a mí mismo como profeta de desgracias, pero debo admitir que estas evidencias estadísticas me abruman. Veo estas tendencias con temor y temblor, presintiendo que en ellas anida potencialmente la muerte de nuestra sociedad y nuestro estilo de vida.

La humanidad ha sabido por lo menos intuitivamente, desde hace cincuenta siglos, que las relaciones sexuales indiscriminadas representan una amenaza a la supervivencia tanto individual como corporativa. Y esa sabiduría de los años ahora está respaldada por documentos. El antropólogo J. D. Unwin dirigió un exhaustivo estudio de 88 civilizaciones que han existido en la historia del mundo. Cada cultura ha seguido un ciclo de vida parecido: empezaron con un estricto código de conducta sexual, y terminaron con una abierta exigencia de «libertad» para poder expresar las pasiones individuales. Unwin informa que cada sociedad en la cual se ha extendido el libertinaje sexual, es un pueblo que está cerca de desaparecer. Y no ha habido ni una sola excepción.

¿Por qué suponer que los impulsos sexuales son tan importantes para la sobrevivencia de la cultura? Es porque la energía que mantiene unido a un pueblo es esencialmente energía sexual. La atracción física entre hombres y mujeres obliga al establecimiento de una familia y los compromete a ellos en su desarrollo. Esta es la fuerza que los anima a trabajar, a ahorrar y a luchar para asegurar la supervivencia de su familia. La energía sexual provee el incentivo para la crianza de niños sanos, y para la transferencia de los valores de una generación a otra. Obliga al hombre a trabajar cuando preferiría jugar, conduce a ahorrar, cuando desearía gastar, al ama de casa. En resumen, el aspecto sexual de nuestra naturaleza cuando se manifiesta exclusivamente dentro del ámbito familiar, produce la estabilidad y responsabilidad que ningún otro factor podría producir. Y cuando una nación está formada por millones de hogares afectuosos y responsables, la sociedad entera será estable, responsable e indeformable.

Si la energía sexual ubicada dentro de la familia es la clave para una sociedad sana, entonces lanzada irresponsablemente hacia el exterior, fuera de sus límites normales es potencialmente catastrófica. La gran fuerza que mantiene unido a un pueblo comienza entonces a ser el agente de su propia destrucción. Tal vez podamos ilustrar este punto con una analogía entre la energía sexual en el núcleo familiar y la energía física en el núcleo del átomo. Electrones, neutrones y protones se mantienen en delicado equilibrio debido a la fuerza eléctrica que actúa dentro de cada átomo. Pero cuando este átomo y sus vecinos son divididos por la fisión nuclear (como en la bomba atómica), la energía que aseguraba la estabilidad interna entonces es liberada con increíble poder destructivo. Existen buenas razones para creer que esta comparación entre el átomo y la familia no es meramente accidental.

¿Quién puede negar que una sociedad está enferma, si los impulsos sexuales de hombres y mujeres, se han transformado en un instrumento de sospecha e intriga dentro de tantas familias? Cuando una mujer no sabe lo que anda haciendo su marido fuera de casa... cuando un esposo no puede confiar en su mujer si la deja sola... Cuando la mitad de las novias se presentan embarazadas delante del altar... Cuando cada recién casado se ha acostado con muchas personas antes, perdiendo así la exclusiva belleza del lecho matrimonial... Cuando cada uno hace lo que quiere y busca su propia gratificación sexual. Desafortunadamente la víctima más afectada por esta sociedad inmoral es el niño pequeño, que es supremamente vulnerable a los gritos, discusiones, tensiones y frustraciones que se introducen en su mundo, causando la inestabilidad de los hogares, y produciendo dolorosas heridas en la mente infantil. El tiene que observar a sus padres separados por la ira, y tiene que decirle adiós al padre a quien ama y necesita. O tal vez debemos mencionar los miles de bebés nacidos fuera del matrimonio, de madres solteras, muchos de los cuales jamás disfrutarán de un hogar cálido y de una crianza adecuada. O tendríamos que señalar la creciente cantidad de enfermedades venéreas, que han tomado proporciones epidémicas entre la juventud norteamericana. Esta es la asquerosa verdad de la «revolución sexual», y estoy harto de oír que se la idealiza y glorifica. Dios ha prohibido claramente la irresponsabilidad sexual, no para privarnos de la felicidad y el placer, sino para librarnos de las espantosas consecuencias de este corrompido estilo de vida. Y aquellos individuos o naciones que prefieren desafiar Sus Mandamientos, deberán pagar un precio muy alto por su insensatez. Mis ideas en esta materia podrán ser muy impopulares, pero creo en ellas y las sostengo con todas mis fuerzas.

8. *Creo que si una pareja está verdaderamente enamorada, permanecen en esa condición durante el resto de la vida.*

El amor, aún el amor genuino, es cosa frágil. Y debe ser sustentado y protegido si se quiere que sobreviva. El amor corre peligro cuando un hombre se dedica a trabajar los siete días de la semana... O cuando no hay tiempo para el romanticismo. O cuando los esposos se olvidan de dialogar entre sí... La punzante espina se introduce en la relación por un estilo de vida muy apresurado, como experimenté yo mismo en mis primeros tiempos de matrimonio con Shirley. Estaba trabajando mucho y tratando de concluir mis estudios para el doctorado en la Universidad de California. Mi esposa también trabajaba como maestra de escuela, y además atendía nuestro pequeño hogar. Recuerdo claramente la tarde en que me dí cuenta en qué forma, ese ritmo de vida estaba perturbando nuestra relación. Nos amábamos el uno al otro, pero estábamos a punto de perder la intimidad y la ternura de nuestro compañerismo. Entonces dejé a un lado mis libros de texto, y salimos juntos a pasear una noche. El semestre siguiente yo debía cumplir un programa de estudios muy sobrecargado, pero decidí posponer mis metas académicas para poder preservar aquello que tenía más valor para mí.

¿En qué lugar de la escala de valores ubica usted a su matrimonio? ¿Excluye usted lo superfluo y prescindible de su plan de actividades, o son cosas de tanto valor que se justificaría preservarlas y mantenerlas? A lo mejor desaparecen si usted decide dejarlas a un lado.

9. *Creo que noviazgos cortos (seis meses o menos) son mejores que los más largos.*

La respuesta de esta pregunta está incluida en el tema acerca de la pasión que tratamos antes. Los noviazgos cortos implican decisiones impulsivas para compromisos de toda la vida. Y esto es un asunto peligroso.

116

10. *Creo que los adolescentes son más capaces de experimentar genuino amor que la gente adulta.*

Si este punto fuera cierto, nos encontraríamos con la tremenda dificultad de tener que explicar porqué la mitad de los matrimonios entre jovencitos, termina en divorcio antes de los cinco años. Por el contrario, la clase de amor que yo estoy describiendo es altruista, generoso y comprometido, y requiere una razonable dosis de madurez para su concreción. El romance juvenil es una parte excitante del crecimiento, pero rara vez alcanza el nivel de una relación profunda, de la cual surja un matrimonio exitoso.

Resumen

Todas las preguntas del cuestionario tienen una sola respuesta: Falso. Porque ellas representan las ideas equivocadas más populares acerca del amor romántico. Y si usted desea, puede utilizar este cuestionario para otorgar permisos de matrimonio. De 9 a 10 respuestas correctas es un puntaje excelente. Los que obtienen de 5 a 8 puntos, podrían esperar unos seis meses más para casarse. Y aquellos insensatos que sólo tengan 4 o 5 respuestas correctas, deben optar por el celibato permanente. ¿Y a usted... en qué grupo lo incluimos...?

Pregunta. A menudo me pregunto porqué las mujeres parecen necesitar más atención romántica que los hombres. ¿Por qué piensa usted que las mujeres se preocupan más que sus esposos por colmar estas necesidades emocionales?

Respuesta. Una porción desconocida de esa necesidad romántica en la mujer, tiene posible relación con influencias genéticas producidas por el hipotálamo en el cerebro. Otras de esas características, tal vez, deriben de diferentes experiencias infantiles entre niños y niñas. La orientación completa de nuestra sociedad, enfatiza a nuestras niñas el sentimiento romántico. Comienza desde los años preescolares, con cuentos fantásticos, como el de la Cenicienta deslumbrando a la multitud, la princesita de irresistible encanto, o la Bella Durmiente esperando que el tierno beso de su amado la despierte de su sueño. Mientras que los niños pequeños se identifican con los ídolos del fútbol y juegan a los «cow-boys», sus hermanitas se distraen con las muñecas y asumiendo otros papeles que señalan hacia su relación con el sexo opuesto. Más adelante, la típica chica de secundaria, pasará mucho más tiempo soñando despierta con el matrimonio, que su contraparte masculina. El también piensa en el sexo, de eso estamos seguros, pero ella lo ve a través de los lentes del amor. Así, comprará y leerá revistas y novelas románticas, ¡pero él no! De esta manera, hombres y mujeres llegan al matrimonio con una perspectiva diferente, no sólo en lo que se refiere al pasado, sino también en relación al futuro.

Pregunta. ¿Por qué entonces, los hombres somos tan mal informados acerca de este aspecto de la conducta femenina y de su naturaleza?

Respuesta. Ellos nunca fueron informados. Por cientos de años se ha aconsejado a la mujer que conozca las necesidades sexuales, y todo lo que tiene que ver con su marido. Cada mujer viva sabe que el apetito sexual masculino demanda su gratificación de una manera u otra. Lo que quiero decir, es que la satisfacción de las necesidades emocionales femeninas es tan imperiosa y urgente, como las exigencias psicológicas de gratificación sexual en el hombre. ¡Y si se descuida a las dos, luego hay que pagar un precio muy alto! Y es tan desafortunado que un hombre ignore las necesidades emocionales de su esposa, como que una mujer desconozca el apetito sexual de su marido.

Para beneficio de mis lectores masculinos, les diré

118

las cosas en forma más clara: Su esposa es más vulnerable a su aprecio y amabilidad que lo que usted se ha imaginado hasta ahora. Y no hay nada que pueda edificar más efectivamente su estima personal que el hecho de saber que usted la respeta y valora como persona. Y nada destruirá más su propia dignidad que sentirse ridiculizada o rechazada por usted. Si todavía tiene alguna duda al respecto, le invito a realizar el siguiente experimento: Mañana por la mañana, en la mesa del desayuno, dígale a sus hijos en forma espontánea, cuán afortunados son ellos al tener una mamá como la que Dios les ha dado. Sin dirigirse a ella directamente, dígale qué duro debe trabajar la madre para mantener todo limpio y a la familia bien alimentada. Incluya estas palabras en forma casual en medio de la conversación mientras ella prepara el desayuno. La forma como su esposa reaccione, le dará a usted una invaluable percepción de su mundo interior. Si se asusta y quema el desayuno, significa que usted ha tardado demasiado tiempo en decirle palabras de estímulo. Si desdibuja una pícara sonrisa y le dice que usted está atrasado para tomar el tren de las 8,05, entonces verá cuán rápidamente se curará del «dolor de cabeza» que siempre tiene a la hora de acostarse. Pero si no responde al comentario, usted debe reconocer que ella se encuentra en una situación crítica. Y que sólo podrá ser restaurada llevándola de viaje por un fin de semana a un hermoso hotelito, con flores, bombones y una carta de amor esperándola al llegar allí. ¿Cuándo fue la última vez que usted dirigió palabras de estímulo a su esposa?

Pregunta. ¿Desean las mujeres un marido fuerte que asuma el liderazgo en el hogar?

Respuesta. Alguien dijo: «Una mujer desea un hombre que vaya adelante de ella, y no uno que le siga detrás.» El pensamiento es antiguo, y aunque le queme a las del movimiento de liberación femenina, es exacto. Una mujer generalmente está contenta cuando reconoce y sigue un liderazgo masculino, si su hombre es amoroso, gentil, y respetuoso con ella.

Pregunta. Soy una chica de 19 años y estoy soltera. Usted ha presentado algunas circunstancias depresivas que suelen ocurrir dentro del matrimonio. Si todo es así, ¿por qué tendría yo que desear casarme?

Respuesta. Los problemas depresivos que hemos presentado representan lo peor que puede suceder dentro del matrimonio. Pero, tal vez, no hemos dedicado suficiente espacio para recalcar los aspectos positivos, que también se dan. Desde mi punto de vista, yo puedo decir que mi matrimonio con Shirley ha sido una de las mejores cosas que hubieran podido sucederme. Y existen millones de personas que podrían decir lo mismo. Verás: La vida tiene problemas en cualquier cosa que uno haga. Si decides permanecer soltera, las frustraciones serán de una naturaleza distinta, pero vendrán, no lo dudes. En cuanto al deseo de casarte o no, te ofrezco el mismo consejo que me dio un maestro de escuela bíblica en la iglesia, cuando yo tenía 18 años: «No te cases con aquella persona con la cual piensas que podrías vivir... cásate con aquella sin la cual no podrías vivir...» Si tal persona se presenta, ¡adelante! Por otro lado, es necesario que tengas presente que la vida matrimonial no ofrece panaceas para todos los males. Sino que requiere de verdadera entereza y compromiso, tanto del marido como de la mujer.

1. Judith Viorst, «Just Because I'm Married Does it Mean Im goingo Steady?» Redbook, May, 1973, p. 62.

6
Las dificultades económicas

Cuando yo era adolescente, tenía un sueño que invariablemente me causaba gran deleite. Iba caminando por una calle cuando encontraba una moneda en el piso. Cuando me agachaba para recogerla, veía dos monedas más de mayor valor, y cuando trataba de alcanzarlas, aparecían otras y otras, hasta que me daba cuenta de que había descubierto una verdadera fortuna. Había tantas monedas que podía llenarme las manos, mientras descubría más a mi alrededor. Varias personas pasaban cerca, pero no se daban cuenta de mi descubrimiento, y yo apresuradamente me metía monedas en los bolsillos antes de que empezaran a competir conmigo. El sueño se repetía con algunas variantes en detalles, pero siempre estaba presente la idea básica de la avaricia. Ahora, veinte años después, puedo decir que felizmente he logrado superar esa tendencia a la codicia. ¡Ahora sueño que soy yo el que se queda parado, mientras los demás recogen las monedas! Esto es lo que veinte años de impuestos y créditos han hecho con mis aspiraciones de adolescente.

¿Qué papel desempeñan los problemas financieros en su esquema mental? Si los problemas económicos le están acosando, esté seguro que también producirán preocupación y ansiedad en toda su familia. Las dificultades financieras afectan de tal forma a las mujeres que contestaron mi cuestionario que ellas las ubicaron en el quinto lugar como causa de depresión. Y recordemos que esta encuesta fue llevada a cabo hace dos años, cuando había menos inflación que ahora. Hoy parece que cada negocio, cada escuela, cada hospital y cada familia, estuvieran luchando por sobrevivir económicamente. Además la gran corriente económica que se ha derivado para pagar a las naciones del Medio Oriente a cambio del petróleo, puede hacer que la situación todavía se torne peor. Y si la depresión económica viene, entonces todos tendremos que aprender a luchar con sus consecuencias emocionales.

Existen cientos de libros para aquellos que desean lograr un mejor control de sus recursos monetarios, y yo carezco de autoridad en la materia, así que mis comentarios al respecto serán breves. Mi sola contribución se dirigirá en oposición a la codicia que nos hace desear más y más cosas, impulsándonos a comprar lo que no necesitamos ni podemos adquirir.

Resulta difícil hacer una llamada a la cordura. He visto todas las cosas que exige la voracidad norteamericana: Nuevos autos, casas atractivas, y toda clase de inventos y artefactos que prometen hacer de nosotros seres más libres. Pero si uno ve todos estos artículos desde el otro lado de la caja registradora, les puedo asegurar que no proveen la sitisfacción que prometen. Por el contrario, es sabio el adagio que dice: «Aquello que posees, puede llegar a poseerte.» Cuánta verdad encerrada en una frase. Cuando he entregado los dólares que gané con mucho trabajo, a cambio de determinado artículo, sólo me estoy obligando a mí mismo a mantenerlo y a protegerlo. Y en vez de contribuir a mi placer, me obligará a gastar mis preciosos sábados, aceitándolo, arreglándolo, frotándolo, limpiándolo o llamando al ejército de salvación para que se lo lleven y me libren de él. Y el tiempo que hubiese podido invertir en saludables actividades familiares, lo he gastado esclavizado a una despreciable pieza de chatarra.

El verano pasado vi un columpio-balancín, expuesto en una tienda de juguetes. Era hermoso y parecía muy sólido, así que decidí comprarle uno a mi hijo. Pero cuando el hombre que debía traerlo, llegó a casa, me entregó una gigantesca caja que contenía 6.324 caños, 28.487.651 tornillos, 28.487.650 tuercas, y un manual de instrucciones que habría hecho rabiar al mismo Albert Einstein. Durante las próximas 48 horas traté de acomodar todas las partes, uniendo piezas y piezas. Finalmente el inestable aparato quedó en pie, pero a esas alturas yo me había lastimado la mano derecha mientras trataba de forzar un caño de media pulgada dentro de otro de 3/8. Sin embargo, lo verdaderamente desalentador vino cuando leí el final del manual de instrucciones: «Por favor asegurar los tornillos del aparato cada dos semanas, para garantizar su seguridad y mayor duración.» ¿Qué mejor ejemplo de esclavitud material puede ser éste? Ahora, no me atrevo a olvidar que debo dedicar cada sábado para asegurar este monstruo de hojalata, ¡o de lo contrario terminará engulléndose a mi propio hijo! Esto es, amigos y amigas, el precio de poseer cosas.

Déjeme recordarle algunos gastos innecesarios que usted ha hecho el año pasado: Tal vez, fue un abridor eléctrico que ahora está arrumado en el garage. O tal vez, un par de abrigos que no usa. Y hay que darse cuenta que estos artículos no fueron simplemente pagados con su dinero. En realidad fueron comprados con el tiempo que usted invirtió en ganar el dinero. Verdaderamente usted cambió una cierta cantidad de días, por una pieza de hojalata que ahora rueda por su casa. Y ningún poder del mundo podrá devolverle el tiempo que usted invirtió para poder comprarla. Se ha ido para siempre. Nosotros estamos cambiando nuestra vida por cosas materiales. Cosas que tanto para obtenerlas, como para mantenerlas, exigen nuestro tiempo.

¿Que parezco un predicador pronunciando un sermón? Tal vez, pero lo que estoy condenando es mi propio estilo de vida. ¡Me tiene enfermo la tiranía de las cosas! Pero además me dirijo a todos aquellos quienes no veo, a esas multitudes que se encuentran deprimidas porque tienen demasiado poco. ¿Cuántas mujeres de hoy, se sienten desanimadas porque no pueden poseer algo que nadie había inventado ni fabricado hace cincuenta años? ¿Cuántas familias se sienten descontentas con su casa de dos habitaciones, que hubiese sido considerada muy buena en el año 1800? ¿Cuántos hombres sufrirán ataques al corazón este año, por su esfuerzo en querer ganar un salario más elevado? ¿Cuántas familias irán a la ruina financiera para tratar de mantenerse a la par de otras y luego encontrarse con la mala noticia de que los otros se han enriquecido aún más, y que de nuevo los han sobrepasado?

Déjeme terminar el sermón añadiendo otra idea: Tuve una dramática ilustración de la insensatez del materialismo, durante mi más reciente viaje a Inglaterra. Así como pude visitar museos y edificios históricos también me sentí impresionado por lo que llamé «los castillos solitarios». Estuve allí en la soledad de esos edificios, que fueron construidos por hombres orgullosos que creían ser sus dueños. ¿Pero, dónde están aquellos hombres hoy? Se han muerto y han sido olvidados. Estos vacíos castillos que dejaron son monumentos a la fragilidad física de los hombres que los construyeron. Ninguno de ellos sobrevivió para reclamar ahora su posesión. Como dijo Jesús en referencia al rico que murió y tuvo que dejar sus riquezas: «...y lo que has provisto, de quién será?» (Luc. 12:20).

Puedo decir, con plena convicción que cuando muera, deseo dejar algo más que «solitarios castillos» detrás de mí. A los 38 años me doy cuenta de cuán rápidamente la vida se ha deslizado delante de mis ojos. El tiempo parece una fina cadenita engrasada que se escurre entre los dedos. Y resulta en vano tratar de detenerlo o de retardar su paso. Por el contrario, se acelera año tras año. Seguramente así como se han evaporado los pasados veinte años, también se irán las tres o cuatro décadas próximas. Así que no existen mejor ocasión para mí (y para usted), que ahora, a fin de determinar cuáles son los valores dignos de mi esfuerzo y mi tiempo. Luego de hacer la evaluación, he concluido que acumular riquezas —aun si pudiera hacerlo—, no es una razón suficiente para vivir. Cuando llegue al fin de mis días quiero ver detrás de mí, cosas de mayor significado que casas, tierras, máquinas, mercancías y acciones. Ninguna de ellas podrá beneficiarse entonces. Y consideraré que habré malgastado mi existencia, sino puedo ver una familia estable y amorosa, una influencia positiva en la vida de muchas personas, y un sano intento de servir al Dios que me creó. Ninguna cosa tiene tanto sentido, y en verdad, nada merece más mi preocupación que esto. ¿Y qué acerca de usted?

Pregunta. Conozco muchas personas que toman sus decisiones financieras, basándose en la astrología. El horóscopo ejerce influencia aún en sus relaciones y negocios. ¿Podría usted comentar algo acerca de la práctica de la astrología? ¿Existe alguna evidencia científica que la respalde?

Respuesta. De todos los acontecimientos sociales que han ocurrido durante los últimos años, ninguno refleja mejor nuestra propia pobreza espiritual que la creciente devoción hacia la astrología. Y me asombro de cómo miles de personas, políticos y astros de la televisión han aceptado esta disparatada creencia sin someterla a un serio examen. Aún el presidente Francés Georges Pompidou, admitió en conferencia de prensa, que ha consultado a su astrólogo antes de hacer una declaración importante, o de tomar una decisión de estado.

Qué ridículo resulta pensar que Adolfo Hitler, la reina Isabel, Harry Truman, William Shakespeare, Bing Crosby, Willy Mays, Ho-chi-Min, Golda Meir, y yo, podamos tener algo en común, simplemente porque nacimos bajo el signo de Tauro.

Qué estúpido resulta pensar que los éxitos en los negocios, nuestra salud, o aún nuestra vida sexual, estén predeterminadas por la posición de las estrellas el día de nuestro nacimiento. Sin embargo, hay más de 10.000 astrólogos en Estados Unidos trabajando actualmente y ofreciendo consejos en asuntos de negocios, o para saber el límite de compatibilidad que alcanza un hombre con su propio perro.

Y no existe ni una pizca de evidencia científica para sostener la validez de tales nociones, que son ateas e ilógicas. De hecho, un astrólogo muy famoso fue el que aconsejó a Hitler que invadiera Rusia. ¡Y ese fue su más grande error! Sin embargo, millones de personas consultan sus horóscopos diariamente para saber la verdad, u obtener sabiduría para el manejo cotidiano. Recientemente me presentaron a un famoso actor de Hollywood mientras esperábamos para aparecer en un programa televisivo. Mi esposa me acompañaba para presenciar la entrevista y el actor la alabó por su belleza. Le dijo: «Pienso que usted es de Sagitario, porque las mujeres más hermosas han nacido bajo ese signo.» A mí me chocó la necedad de su afirmación, así que me sentí en la obligación de poner en tela de juicio lo que decía. Le pregunté si tenía algún fundamento para probar esa hipótesis, y le señalé que sería muy simple comprobarlo. Tendría que constatar el día de nacimiento de cada una de las chicas que se presenten este año en el concurso de «Miss Estados Unidos» o en el de «Miss Universo». Y es que he aprendido que la mejor forma de terminar la conversación con un aficionado a la astrología es comenzar a hablarle de evidencias científicas.

En 1960, el mundillo de los astrólogos anunció que la peor conjunción planetaria en 2.500 años podía ocurrir en tal ocasión. ¡Siete de los nueve planetas aparecían en una sola línea, lo que significaba malas noticias para la madre Tierra! Los adivinos hindúes se morían de miedo y los observadores del cielo norteamericanos predijeron cosas tales como la inundación de California y el catastrófico fin del mundo. Pero las cosas se pusieron difíciles cuando se comprobó que en realidad no habían habido muchos más desastres que en cualquier otra época. Y es que los astrólogos se olvidaron de algo fundamental: El destino del hombre no está controlado por los planetas. ¡Tanto los hombres como los cuerpos celestes están sometidos bajo el indisputable señorío del Dios Todopoderoso!

Cuando las predicciones astrológicas son propaladas por la radio o la televisión, los anunciadores a menudo repiten una «disculpa», diciendo que no intentan fomentar una creencia seria en la astrología, sino que proveen horóscopos como simple diversión y entretenimiento. ¿Qué pasa entonces? Es la astrología acaso un agradable pasatiempo que sirve para entretener y nada más? ¿Qué pasa entonces con los millones de norteamericanos que dependen diariamente de que las estrellas les provean guía y dirección para sus vidas? ¿No es mejor acaso creer en mitos, que no creer en nada? ¿Adoptaremos una actitud tolerante hacia la astrología, o la veremos como una filosofía insidiosa a la cual tenemos que oponernos con todas las fuerzas?

Un psiquiatra muy conocido declaró recientemente que aconsejaba a sus pacientes que creyeran en sus astrólogos, aun cuando él pensaba que sus predicciones carecen de todo crédito científico. Disiento totalmente de tal criterio. La astrología no es simplemente una tontería sin sentido, sino que es peligrosísima para quienes se someten a sus dogmas. El problema grave es que pretenden sustituir la capacidad humana de ejercer un juicio sano y razonable. Un hombre y una mujer, por ejemplo, pueden elegir a su cónyuge en base a la compatibilidad de sus cartas astrológicas, sin considerar las implicaciones que tal decisión tendrá para el resto de su vida. Otros posponen o retardan decisiones importantes porque el horóscopo les dice que «no hagan nada». Y no es posible determinar cuántas decisiones fundamentales se basan diariamente en lo que dicen las estrellas causando así gran impacto en las familias, los negocios y hasta en los asuntos de Estado. Eso es tan peligroso como jugarse el destino personal al «cara o cruz» de una moneda. El cándido creyente en la astrología somete su propia comprensión de los hechos, su sentido común, su experiencia, y lo mejor de su capacidad de juicio, al «sabelotodo» pronosticador del diario. Me recuerda a un hombre que estando en el décimo piso de un edificio descansa confiadamente porque la fuerza del viento sostiene su precario equilibrio. Pero tarde o temprano la ráfaga terminará, y el hombre, en medio del terror, se vendrá abajo indefectiblemente. De la misma forma, el que cree en la astrología, cuando se vea acosado por los problemas y las dificultades, clamará con desesperación por algo verdaderamente firme y estable para agarrarse. Porque encontrará un mínimo apoyo en los mitos y supersticiones en las cuales confiaba antes. Y créame cuando le digo que, personal y profesionalmente, he atendido a individuos que han sufrido esta experiencia. ¿Así que la astrología es simplemente algo gracioso y entretenido?

Pero ahora debemos enfrentar una pregunta muy importante: ¿Por qué mucha gente bien instruida e inteligente, se pliega en obediencia a una creencia sin base y sin fundamento? Existen —creo yo— tres respuestas a esta pregunta:

1. En los años recientes se ha producido un tremendo vacío espiritual en las vidas de muchas personas que antes creían en Dios. Ahora que su dios ha muerto ellos buscan desesperadamente un sustituto, que pueda ofrecerles algo de significado y propósito para sus vidas.

Refiriéndose a esto, alguien ha dicho: «La superstición es el gusano que nace de la tumba de una fe muerta.» En otras palabras: el ser humano debe tener algo en qué creer, y en ausencia de una verdadera fe en Dios; el lugar es ocupado por una superstición que carece de sentido.

2. La astrología es la única religión que no impone obligaciones a sus adeptos. Ellos no tienen que ir a la iglesia, ni pagar nada, ni obedecer nada, ni cantar nada. No hay nadie que exija de ellos moralidad y honestidad. No tienen que sacrificar nada. Y en verdad, sus seguidores no deben tomar una cruz, ni estar dispuestos a morir por lo que creen.

Aquellos que quieren leer y creer la palabra de sus auto-nombrados sacerdotes, lo único que tienen que hacer es comprar el diario. (O, tal vez, pagar 3.75 dólares por un horóscopo «valioso e individual» autografiado personalmente por una computadora IBM.)

3. Puede ser imprudente menospreciar el poder real que se mueve detrás de todos los intereses de la astrología. Es Satanás quien trabaja detrás de esto. Siempre que los astrólogos logran predecir algún evento con cierta exactitud, es porque han sido inspirados por el diablo, que es el más grande enemigo de Dios.

Y esto no es simplemente mi opinión personal acerca del asunto. Es la afirmación de Dios mismo, como repetidamente lo expresa su Santa Palabra. Las siguientes citas bíblicas nos resumirán los mandamientos de Dios respecto a la astrología y la brujería:

«Oid la palabra de Jehová que ha hablado sobre vosotros. ¡Oh casa de Israel!. Así dijo Jehová: No aprendáis el camino de las naciones, ni de las señales del cielo tengáis temor, aunque las naciones las teman. Porque las costumbres de los pueblos son vanidad... (Jeremías 10:1-3).

»Estate ahora en tus encantamientos y en la multitud de tus hechizos, en los cuales te fatigaste desde tu juventud; quizá podrán mejorarte, quizá te fortalecerás.

»Te has fatigado en tus muchos consejo. Comparezcan ahora y te defiendan los contempladores de estrellas, los que cuentan los meses, para pronosticar lo que vendrá sobre ti.

»He aquí que serán como tamo; fuego los quemará, no salvarán sus vidas del poder de la llama; no quedará brasa para calentarse, ni lumbre a la cual se sienten.

»Así te serán aquellos con quienes te fatigaste, los que traficaron contigo desde tu juventud; cada uno irá por su camino, no habrá quien te salve.» (Isaías 47:12-15).

7
Problemas sexuales en el matrimonio

Las fuentes de depresión ubicadas en sexto y séptimo lugar por las mujeres entrevistadas son dos problemas que están relacionados en varias formas: Problemas sexuales en el matrimonio, y molestias menstruales y psicológicas. Para mayor provecho, trataremos el aspecto sexual en este capítulo, y dejaremos las dificultades menstruales para encararlas en el próximo.

Aunque la depresión asociada con la frustración sexual en el matrimonio aparece ocupando un nivel relativamente bajo entre las 75 mujeres, existe gran evidencia que señala su importancia decisiva. Más de la mitad del grupo ubicó este renglón entre los primeros cinco lugares. Y ciertamente, cada consejero matrimonial ha observado el miedo y la tensión que comúnmente acompañan las actividades del lecho matrimonial. Una de las razones del porqué este punto parece tener poco significado se encuentra en la naturaleza misma del cuestionario utilizado. Alguna causa de depresión debía figurar más abajo que las demás, aunque, sin embargo, puede estar a muy poca distancia en la vida real, de la causa marcada en primer lugar. Una escala de esta naturaleza tiende a medir el orden de importancia, más que la distancia que separa a los renglones. Pero si usted no ha entendido lo que quise decir, no importa y puede olvidarlo, pues hay cosas más importantes para considerar:

1. *La fundamental diferencia entre hombres y mujeres.* En los últimos años se han hecho grandes esfuerzos para demostrar que hombres y mujeres son iguales en todo, menos en la habilidad para soportar a los niños. Las militantes feministas en forma muy vigorosa (y disparatada) aseguran, que las únicas diferencias producidas entre los dos sexos surgen por pautas culturales o por influencia del medio ambiente. Nada más lejos de la verdad. Los hombres y las mujeres son distintos, biológica, anatómica y emocionalmente. En realidad se distinguen en cada célula de su cuerpo, pues los hombres llevan un modelo de cromosoma distinto al de las mujeres. Existe además buena evidencia para asegurar que la región hipotalámica, localizada justo debajo de la glándula pituitaria en el cerebro medio, está organizada de manera especial en cada sexo. Así el hipotálamo (conocido como el asiento de las emociones) provee a la mujer de un marco de referencia psicológica muy distinto al de los hombres. Además el deseo sexual femenino tiende a ser cíclico, en correlación al calendario menstrual, mientras que en los hombres no se da tal característica.

Estos y otros detalles respaldan la afirmación de que la expresión de la sexualidad femenina y masculina no es idéntica. Y fracasar en comprender esta singularidad puede conducir a una constante frustración en el matrimonio, o despertar complejos de culpa. Existen dos diferencias notables en cuanto al apetito sexual, que producen serias consecuencias:

Primero, los hombres se excitan principalmente a través del estímulo visual. Son impresionados por la desnudez o semi-desnudez femenina. Las mujeres al contrario, son menos susceptibles al estímulo visual que los hombres. Por supuesto que les llaman la atención los cuerpos masculinos atractivos, pero su mecanismo psicológico sexual no es activado por lo que ven. Las mujeres necesitan ser estimuladas a través del tacto. Y aquí: ya encontramos una causa de desavenencia en el lecho conyugal: El desea que ella aparezca a medio vestir en la penumbra, y ella quiere que él la toque en la oscuridad.

Segundo (y mucho más importante). Los hombres no discriminan al considerar qué clase de mujer es aquella que les excita, a través de su cuerpo. Un hombre va caminando por la calle y se siente excitado por una mujer semi-vestida que se contonea delante de él, aun cuando ignora todo lo referente a su persona, valores, o capacidad mental. El se siente atraído solamente por su cuerpo. Igualmente puede excitarse por contemplar la fotografía de una desconocida modelo desnuda, como por el encuentro directo con la mujer que ama. El deseo sexual del hombre es activado por la contemplación del cuerpo de una mujer atractiva. Esto da alguna validez a la queja de las mujeres que se han sentido como «objetos sexuales», usadas por los hombres. Y esto explica porqué las prostitutas atraen a mayor número de hombres, mientras que a otro tipo de mujeres les cuesta «atrapar» uno solo. Y tan bien explica el gran placer que obtienen los viejos desdentados que, sentados en una sala, observan a una bailarina que se menea sugestivamente. Y también muestra el hecho de que la auto-estima masculina se encuentra más motivada por el deseo de «conquistar» a una mujer que por hacer de ella el objeto de su predilección romántica. Estas son algunas de las características de la sexualidad masculina, detalles que se encuentran respaldados por la literatura especializada en el asunto. Y todos estos factores contribuyen a establecer diferencias básicas en el apetito sexual de hombres y mujeres.

Las mujeres son mucho más discriminativas en sus intereses sexuales. Son mucho menos excitables a la vista de un apuesto caballero o ante la fotografía de un hombre musculoso.

Y más bien su deseo se dirige generalmente a un individuo particular a quien ella admira y respeta. Una mujer se siente estimulada por el ambiente romántico que rodea a su hombre y por su carácter y personalidad. Se rinde al hombre que apela a ella tanto en el plano emocional como en lo físico. Obviamente, hay excepciones a éstas características básicas, pero por lo general se mantienen con bastante regularidad. El sexo para los hombres es más una cosa física, mientras que el sexo para las mujeres es una profunda experiencia emocional.

Y entonces, ¿qué pasa? ¿Cómo pueden estas diferencias sexuales interferir en una relación matrimonial basada en un amor genuino y real? Sencillamente, a menos que una mujer sienta deseo de acercarse a su esposo en un momento determinado, será incapaz de disfrutar de una relación sexual con él. Un hombre puede volver a su hogar de mal ánimo luego de pasar toda la tarde esclavizado a su escritorio o trabajando en un garaje. Espera que llegue las once de la noche sin decir nada y finalmente al irse a la cama pretende retozar un rato con su mujer. El hecho de que él y su esposa no hayan pasado juntos la tarde entera, no inhibe en nada sus deseos sexuales. El la ve cerca de la cama en bata de dormir y esto basta para excitarlo. Pero ella no se excita tan fácilmente. Lo estuvo esperando todo el día y cuando el hombre regresa a casa y apenas la saluda empieza a sentirse rechazada y desanimada. Su frialdad y preocupación por sí mismo, ahogan los deseos sexuales de ella. Así que se siente incapaz de responderle eficazmente, cuando llega la noche. Déjeme ir un poco más adelante: Cuando una mujer hace el amor sin ternura y romanticismo, se siente como si fuera una prostituta. En vez de ser partícipe de un excitante encuentro sexual entre dos seres que se aman, ella se siente uusada. En algún sentido piensa que su esposo está explotando su cuerpo para gratificarse a sí mismo. Así que ella o rechaza acceder a sus pretensiones, o se somete con resentimiento y reticencia. Y la incapacidad para poder explicar esta frustración crea una continua fuente de preocupación en la mujer.

Si yo pudiera comunicar un solo mensaje a cada familia norteamericana le enfatizaría la importancia del amor romántico en todos los aspectos de la existencia femenina. Allí se encuentra el fundamento para la autoestima de la mujer, su gozo de vivir, y su capacidad para responder sexualmente. Así que el gran número de hombres que están aburridos y cansados en su matrimonio, y que se sienten rechazados en la cama, podrían pensar que allí reside la causa del problema. El amor verdadero derrite hasta un témpano de hielo.

2. *Lo variable del deseo.* Hombres y mujeres también difieren significativamente en sus manifestaciones del deseo sexual. Recientes estudios parecen indicar que la intensidad del placer y excitación en el momento del orgasmo en la mujer y la eyaculación en el hombre, es igual para ambos sexos, si bien los pasos que han seguido hacia ese clímax, van por caminos diferentes. La

mayoría de los hombres se excitan más rápido que las mujeres. Y ellos alcanzan un buen punto de excitación antes que sus consortes hayan olvidado los detalles de la cena, o sigan pensando en qué ropa le pondrán a los chicos mañana para ir al colegio. Y es hombre sabio, el que tiene en cuenta la lentitud femenina para la excitación sexual. Pero miles de mujeres terminarán este día frustradas porque sus impacientes maridos se apresuran a lo largo del acto sexual, como si fueran bomberos que corren para apagar un incendio. Y luego, cuando ellos han alcanzado su placer, se darán vuelta para dormir, y sus mujeres seguirán mirando al techo o escuchando los ruidos nocturnos por largo rato. Y esto es sencillamente conmovedor.

Además es obvio que el hambre sexual masculina busca satisfacción más frecuentemente, que las de las mujeres. Una joven esposa me contó acerca de una experiencia que tuvieron con una pareja de amigos, a quienes llamaremos Antonio y Susana, cuando fueron a practicar sky acuático. Antonio nunca había esquiado y aprendía muy mal. Trataba desesperadamente de mantenerse en pie, sólo para caerse una y otra vez en el agua del lago. Durante más de tres horas trataron de enseñarle a esquiar a Antonio, pero pasó más tiempo debajo del agua que sobre la superficie. El agotamiento se le empezó a reflejar en la cara, y sus piernas tambaleantes se derrumbaban solas. Susana lo observaba silenciosa sentada en la proa de la lancha, mientras él, profundamente cansado, jadeaba por la falta de aire. Entonces ella suavemente se dio vuelta hacia mi amiga y le susurró al oído la siguiente pregunta: «¿Piensas que este trajín le apaciguará un poco su deseo sexual para esta noche?»

Muchas mujeres se admiran de cuán frecuentemente sus maridos desean mantener relaciones sexuales. Y este es un asunto que «los maridos desearían que sus esposas supieran acerca de los hombres». Cuando la satisfacción sexual se encuentra coartada, los hombres experimentan una acumulación de presión psicológica que exige liberación. Las dos vesículas seminales (los pequeños sacos que contienen el semen), gradualmente completan su capacidad, y cuando alcanzan el máximo nivel, las influencias hormonales hacen que el hombre se encuentre sensible al más mínimo estímulo sexual. Mientras determinada mujer le interesaría muy poco cuando él se encuentra satisfecho, la misma mujer, lo puede excitar tremendamente cuando se siente insatisfecho. Tal vez, a una esposa le cueste comprender esta acumulación del apetito sexual en su marido, ya que las necesidades femeninas son menos urgentes y ejercen menos presión. Pero debe reconocer que el deseo de él está dictado por una definida fuerza bioquímica que actúa dentro de su cuerpo. Y si ella lo ama, tratará de satisfacer sus necesidades tan significativas y regularmente como sea posible. Yo no estoy negando que las mujeres tengan definidas necesidades sexuales que deben ser satisfechas, más bien, trato meramente de explicar que la abstinencia sexual es mucho menos tolerable para los hombres.

Volviendo atrás, a lo variable del apetito sexual, no sólo difieren los hombres de las mujeres. Sino que también existen enormes diferencias entre las mujeres mismas. La naturaleza humana es infinitamente compleja, y esa complejidad se expresa en la amplia variedad de los deseos sexuales, particularmente dentro del sexo femenino. Para mostrarlo gráficamente, la sexualidad

137

femenina se halla «normalmente distribuida», como aparecen en el gráfico de abajo.

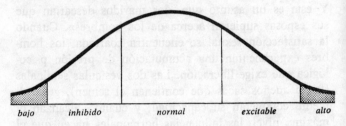

bajo   inhibido   normal   excitable   alto

El mayor número de mujeres se encuentran representados por la región central de la curva, reflejando un «moderado» grado de deseo e interés sexual. El lado sombreado a la izquierda, refleja cerca del 2 % de la población femenina adulta que siente deseos mínimos. Se les ha llamado frías, frígidas, o incapaces de responder. El área oscura a la derecha, representa otro 2 % de la población femenina. Este pequeño grupo está compuesto de mujeres extremadamente sensuales, que también son llamadas «super-sexuales», ninfomaníacas, y algunos términos menos favorables. Entre estos extremos opuestos se encuentran casi un 95 % de mujeres, que no responden en forma tan exagerada.

He presentado este diagrama para hablar sobre las mujeres frecuentemente frustradas que se hallarían en el nivel de «inhibidas» en nuestro gráfico. Se considera que un 20 o un 25 % de las mujeres adultas de nuestra sociedad se pueden incluir en esta categoría, pues reflejan indiferencia y actitudes negativas hacia el otro sexo. Raramente alcanzan el orgasmo y ven la relación sexual como un deber, o una actividad que precisa ser soportada. Para ellas, la cama no promete emociones intensas ni estremecimientos. Es bueno que nos ocupemos de estas mujeres que a menudo sufren de gran angustia mental y ansiedad.

Primero, ¿por qué algunas mujeres son menos sensuales que otras?

Las actitudes adultas hacia las relaciones sexuales, han sido condicionadas en sumo grado durante la infancia y la adolescencia. Resulta sorprendente comprobar cómo, personas aparentemente estables y bien equilibradas, consideran el sexo como algo sucio, salvaje o malo. Estas personas que han sido educadas con una perspectiva negativa hacia el sexo en sus años de formación, luego encuentran muy difícil liberarse de esas inhibiciones arraigadas tan profundamente, en la noche de bodas. La ceremonia de casamiento es sencillamente insuficiente para reorientar una actitud de «Tú no sientes nada» a «Tú sientes mucho y apasionadamente». Este vuelco mental no se logra en forma muy fácil.

Pero deseo enfatizar otro factor: No todas las diferencias en cuanto a intensidad del deseo sexual pueden ser atribuidas a errores de crianza. Los seres humanos diferimos prácticamente en cada una de nuestras características particulares. Tenemos diferente tamaño de pie, nuestros dientes son distintos, y algunas personas son más altas que otras. Somos criaturas singulares. Así que también diferimos en cuanto al apetito sexual. Nuestra «computadora mental» ha sido programada en forma muy distinta a través del proceso de la herencia genética. Algunos de nosotros vivimos con «hambre y sed» de sexo, mientras que otros son más apacibles al respecto. Mi énfasis es que podríamos aprender a aceptar nuestra propia sexualidad, así como tratamos de aceptarnos física y emocionalmente. Esto no significa que no debiéramos tratar de mejorar la calidad de nuestra vida sexual. Pero sí significa que debemos parar en nuestra carrera por querer lograr lo imposible, intentando sacar una bomba atómica de un simple fósforo. En la medida que un esposo y una esposa estén satisfechos el uno con el otro, no tienen nada que preocuparse acerca de las posibles incompatibilidades de las que hablan las revistas. Porque el sexo se ha convertido en un monstruo estadístico: «El promedio de las parejas tienen relaciones sexuales tres veces por semana.» «¡Oh no! ¿Qué nos está pasando, andamos mal sexualmente?» Un marido se avergüenza de su órgano masculino «demasiado pequeño» y una mujer se compara con otras, mirándose su «diminuto busto». La nueva «libertad sexual» nos tiraniza, y nos oprime. Quiero hacer una proposición: Mantengamos al sexo en su justo lugar. Seguro que es importante, pero no debe convertirse en amo. Ni nosotros en sus esclavos.

¿Cómo se siente una mujer incapaz de responder sexualmente?

Es cierto que ella sabe perfectamente de la explosión erótica que ha incendiado nuestra sociedad. Mientras su abuela podía esconder sus inhibiciones sexuales detrás del tabú de la prohibición verbal, hoy se le recuerda a la mujer fría constantemente su incapacidad. Radio, televisión, libros, revistas, y películas, la llevan a pensar que la raza humana entera se deleita dentro de las orgías del éxtasis sexual, todas las noches del año. Una esposa inhibida puede imaginarse que el resto del mundo vive en «la llanura de lo líbido», en el hermoso pueblito de «Parque Pasión», mientras ella reside en el solitario «bulevar helado». El énfasis sin paralelo que se hace alrededor de la gimnasia genital, crea presiones emocionales de grandes proporciones. ¡Es tremendo sentirse sexualmente inferior, en una era de universal sensualidad!

La frialdad sexual —los helados cuartos, en los cuales conviven parejas insatisfechas y frustradas—, tienden a autoperpetuarse. A menos que cada orgasmo vaya acompañado de fuegos artificiales, luces románticas y lluvia de estrellas, el miedo del fracaso empieza a roer cuerpo y alma. Cada experiencia frustrante interfiere la habilidad para relajarse y disfrutar de la próxima relación. Esto somete a una doble presión a todos aquellos que lo sufren, y en los siguientes intentos que lleven a cabo. Y es fácil ver cómo esta reacción en cadena de ansiedades, puede ahogar hasta el más mínimo deseo que pudiera existir al principio. Entonces, cuando finalmente el sexo pierde todo poder de estimular, grandes emociones son reprimidas por una mujer que no responde sexualmente. Esa esposa que no encuentra placer en su relación, empieza a sentirse fracasada como tal. Se considera incapaz de retener a su marido, quien debe enfrentar los flirteos que se dan en el trabajo. Experimenta grandes complejos de culpa por su incapacidad para responder sexualmente. Y en forma inevitable, su estimación propia se deteriora a raíz de ese proceso.

¿Cómo reacciona ella ante sus problemas?

La cosa más lastimosa acerca de las dificultades sexuales, es que es más difícil tratarlas a medida que se tornan peores. A poco de nosotros nos agrada la idea de revelar nuestras falencias personales e íntimas a una persona que no conocemos o en la cual no confiamos. ¿A quién puede recurrir una mujer para encontrar guía y consejo en este asunto tan delicado? Un médico de la familia, o un ginecólogo puede ser consultado informalmente, pero su capacidad para tratar los problemas sexuales resulta insuficiente para resolverlos, debido a una preparación ilimitada. En vez de perder el tiempo tratando de ayudarles con sus propios medios, él puede remitir a la paciente a un psiquíatra. Pero ésta es una idea que asusta a mucha gente. Si la sugerencia es rechazada o no prospera, existen pocas alternativas: Uno no puede ir a tocar la puerta del vecino y preguntarle por el nombre de un buen terapeuta sexual. Y la verdad es que la gran mayoría de terapeutas sexuales norteamericanos están catalogados como mentirosos, farsantes, charlatanes y curanderos. Un terapeuta muy afamado, declaró que menos del 1 % de las clínicas de terapia sexual, entre las cientos que existen, funciona legalmente. No existe posibilidad de que una mujer «inhibida» les consulte. Está atrapada. Su problema carece de solución. Nadie puede entenderla. A lo último, la gran presión emocional que ocasiona el conflicto, puede producir serios trastornos físicos.

Recientemente traté el tema de las consecuencias físicas de la incapacidad sexual, con el Dr. David Hernández, obstetra y ginecólogo de la escuela de Medicina de la Universidad de Loma Linda. El ha observado un cierto aumento en algunos desórdenes y malestares, a partir del advenimiento de la «revolución sexual» en Norteamérica. La opinión de Hernández es que sus pacientes están presionadas para alcanzar a ciertos niveles de «rendimiento» en la cama, y que experimentan tales ansiedades debido a sus fallas sexuales, lo que afecta negativamente su salud física, con el consiguiente problema emocional. La presión emocional conduce al individuo a ciertos problemas psicosomáticos, gastrointestinales; jaquecas, dolores de cabeza, presión alta, colonitis y cansancio general. El Dr. Hernández cree que todos estos problemas médicos se presentan más frecuentemente entre aquellos que están luchando por superar su mediocridad sexual. Y yo pienso lo mismo.

Además, el Dr. Hernández me comentó que muchos hombres y mujeres se comprometen en relaciones sexuales, por razones que Dios jamás determinó. El me hizo una lista de estos motivos ilícitos:

1. El sexo es un deber matrimonial.

2. El sexo sirve para recompensar o asegurarnos un favor.
3. Representa un triunfo, una conquista.
4. Es un sustituto de la comunicación verbal.
5. Se puede usar para sobreponerse a sentimientos de inferioridad. Especialmente en hombres que buscan probar su masculinidad.
6. Sirve para obtener amor. Especialmente para mujeres que usan sus cuerpos para atraer la atención de los hombres.
7. Sirve como defensa contra la ansiedal y la tensión.
8. Se puede utilizar para manipular al cónyuge.
9. Puede ser usado para jactarse delante de otros.

Estas razones que no tienen en cuenta el amor para el acto sexual le restan su significado, y lo convierten en un frívolo y frustrante juego sexual. Por supuesto, la relación sexual en el matrimonio debe proveer placer, pero también es la oportunidad de comunicar un profundo compromiso espiritual. Y las mujeres son mucho más sensibles a esta necesidad.

¿Cómo pueden ayudar los esposos?

El hombre puede contribuir inmensamente a la felicidad de su esposa —mientras acrecienta la suya propia—, aun en casos donde el apetito sexual es el punto débil. Créalo o no, ellos pueden disfrutar de una rica, recíproca y satisfactoria vida sexual, si el marido sabe conducir las cosas. He aquí algunas claves de la sexualidad femenina, en aquellas situaciones donde el aspecto físico sufre de alguna inhibición:

1. Primero, el elemento romántico es doble o triplemente más importante como preludio al acto sexual, en estos casos. Si un esposo está demasiado ocupado

para ser cortés, entonces que no espere que su esposa exhíba grandes deseos, o lograr mucho placer en la cama. Ella puede satisfacer las necesidades de su marido en un acto de amor y de ternura, pero su pasión no se levantará más allá de eso. Para esta clase de mujeres representadas con «inhibidas» en nuestro gráfico, la certidumbre de ser amadas y apreciadas, es casi el único camino hacia la excitación sexual. Este hecho indudablemente explica la gran correlación que existió en nuestro cuestionario entre «problemas sexuales en el matrimonio» y «falta de amor romántico». Casi sin excepción cuando uno de ellos ocupaba un alto nivel en la encuesta, el otro le andaba cerca.

2. Segundo, un esposo debería reconocer que algunas mujeres no tienen que experimentar el orgasmo para alcanzar cierto disfrute en la relación sexual. Muchas mujeres pueden participar plenamente del acto sexual, y sentirse satisfechas al terminar, sin necesidad de experimentar convulsiones, como clímax estático del episodio. (Otro tipo de mujeres, más sensuales, se sentirán tremendamente frustradas, si la tensión y la presión vascular no logran ser liberadas.) El asunto importante es que los esposos no exijan que las mujeres experimenten orgasmos. Y mucho menos que lo logren simultáneamente con la eyaculación masculina. Hacer esto es pretender lo imposible y poner a la esposa en un conflicto irresoluble. Cuando el esposo insiste que el orgasmo de su esposa debe ser parte de su propio disfrute masculino, ella tiene tres vías a elegir: 1) Puede perder el interés el sexo, como ocurre a menudo con cualquier otra actividad en la cual uno fracasa constantemente. 2) Puede intentar, intentar, intentar, y luego llorar. 3) Y ella lo puede «fabricar». Cuando una mujer comienza a mentir en la cama, no hay oportunidad de echar atrás. Desde ahora y para siempre ella

debe lograr que su marido piense que está elevada en un largo viaje de placer, cuando realmente el auto ni siquiera ha salido del garaje.

3. Tal vez la contribución más negativa que un esposo pueda hacer al aspecto sexual de su matrimonio, es sepultar el asunto en una tumba de silencio. Cuando la relación ha carecido de entusiasmo, y la ansiedad se ha ido acumulando, se tiende a eliminar toda referencia al tema en la conversación diaria. Ninguno de los dos sabe qué hacer acerca del problema, y entonces, de tácito acuerdo, se lo ignora. Ni siquiera durante la relación sexual hablan el uno con el otro. Esto parecería imposible, que una mujer inhibida y su esposo, hagan el amor varias veces por semana, por un período de años, sin expresar sus sentimientos o frustraciones en un aspecto tan importante de la vida. Cuando esto sucede, es como tomar una botella de Coca-cola y sacudirla hasta que esté a punto de explotar. Recuerde esta ley psicológica: la ansiedad o el pensamiento que no puede ser expresado, se torna casi siempre en una fuente generadora de tensión interior y de agotamiento. La persona que menos habla es la que acumula más tensión. Y como ya lo dijimos anteriormente, el silencio lleno de ansiedad, conduce a la destrucción del deseo sexual.

Además, cuando el sexo se torna en algo prohibido en la conversación, el acto sexual en sí, se transforma en una especie de «examen», donde cada participante presiente que está siendo evaluado críticamente por el otro. Para derribar estas barreras en la comunicación, los esposos deberán intentar abrir «la válvula de seguridad» de sus mujeres. Esto quiere decir: lograr que expresen sus sentimientos, sus miedos y sus anhelos. Podrán hablar acerca de las maneras y técnicas que sirven para estimular, y aquellas que no resultan. Y tendrán que enfrentar sus problemas como personas adultas y maduras… tranquila y calmadamente. Sucede algo milagroso cuando uno puede hablar con tranquilidad. Porque la tensión y la ansiedad se reducen cuando pueden ser expresadas verbalmente. Para todos los hombres del mundo, mi única palabra es ésta: inténtenlo.

4. La cuarta manera a través de la cual los esposos pueden acrecentar la sexualidad de sus mujeres poco apasionadas, es por medio del estudio y aplicación de buenas técnicas para el acto sexual. También hay que tomar en cuenta el lugar. Las mujeres se distraen con más facilidad que los hombres. Se sienten más afectadas por ruidos y olores. Les molesta la idea de ser escuchadas por los chicos. Y dependen mucho de la variedad, la manera y las circunstancias en las que se realiza el acto sexual. Y de acuerdo a su propia expresión en sesiones de consejo matrimonial, otro factor que puede inhibir a las esposas es la falta de limpieza de sus maridos. Un hombre que trabaja en la construcción, o en una estación de servicio puede sentirse excitado por algo que ve o que lee durante el día y sentir deseos de tener relación sexual con su mujer tan pronto llegue a casa, después del trabajo. Pero puede venir sucio y transpirado, con malos olores en el cuerpo, y necesitando una buena cepillada de dientes. Además las uñas largas y las manos callosas pueden lastimar la sensible piel femenina. Tales interferencias, paralizan la sexualidad de una mujer, y hacen que su esposo se sienta rechazado y amargado.

La espontaneidad puede tener su lugar en el lecho matrimonial, pero a menudo resulta que el sexo sin preparación previa termina en fracaso sexual, para una mujer poco apasionada. En general, yo creo que las actividades sexuales deben ser planeadas y preparadas con anticipación. A un hombre que se siente insatisfecho con su vida sexual, le sugeriría que llame a un hotel cercano

146

y reserve una habitación por una noche. Pero no comente esto con nadie. Puede buscar en secreto alguien que cuide los chicos hasta la mañana próxima. Luego invite a su esposa a cenar afuera, y después de una buena cena llévesela al hotel sin pasar por su casa, y sin decirle nada a ella. La sorpresa y novedad debe ser preservada hasta el último momento. Ya dentro del cuarto del hotel, con flores en la mesita de noche, las hormonas en actividad se encargarán de dictar las próximas instrucciones. Mi énfasis es que la excitación sexual requiere un mínimo de creatividad, máxime en casos de relaciones que han alcanzado un bajo nivel. Por ejemplo, la creencia común de que los hombres son básicamente activos y las mujeres básicamente pasivas, es una gran tontería. La libertad para expresar en forma espontánea la pasión, es vital para el disfrute sexual. Cuando uno hace el amor en la misma cama vieja, en la misma posición y dentro de las mismas cuatro paredes, inevitablemente se convertirá en una rutina. Y el sexo rutinario es sexo aburrido. Un médico de apellido Schwab, describe las dificultades que una mujer puede experimentar al querer desempeñar los tres papeles especiales que se demandan de ella. Debe ser ama de casa, debe ser amante de su marido y debe ser una buena madre para sus hijos. Una ama de casa diligente, que mantiene su hogar y atiende las necesidades de su familia, debe encontrar cierta dificultad en transformarse en una damisela seductora que atraiga a su marido en la cama. Supone que estos papeles resultan contradictorios. Y además está obligada a dejar uno y asumir otro, en un intervalo muy corto de tiempo. Su esposo tiene que ayudarla apartándola de su papel de ama de casa y de madre, cuando desea que ella se transforme en su seductora amante.

Alguien puede preguntar: «Pero mientras yo acuesto a los chicos, saco el gato al patio, desconecto el teléfono... ¿quién aguanta las ganas?» Supongo que es una buena pregunta...

5. Otro factor que puede inhibir a una mujer sexualmente hablando, y que los esposos deben comprender, es el cansancio. La fatiga física desempeña un papel muy importante en la capacidad o incapacidad de responder ante el sexo. Para una madre que ha luchado 18 horas al día, especialmente si tiene uno o dos chicos que la siguen y la molestan, llegar a la noche debe ser sinónimo de cansancio y agotamiento. Cuando finalmente se derrumba en la cama, el sexo puede convertirse más en una obligación que en un placer. Es la última de las cosas que «tiene que hacer» en el día. Una buena relación sexual requiere gran dosis de energía corporal, y ésta puede encontrarse casi agotada por las actividades del día. Sin embargo, justamente, es la relación sexual, la que frecuentemente está ubicada en el último lugar de la lista de actividades diarias.

Si el sexo es importante en el matrimonio —y sabemos que lo es—, entonces deberíamos reservar un momento especial para tal actividad. Las ocupaciones del día podrían terminar más temprano, permitiendo que el marido y la mujer se retiren antes de sentirse agotados por las faenas y responsabilidades domésticas interminables. Recuerde esto: Cualquier cosa que usted deja para hacer al final del día, probablemente la hará mal. Y muchas parejas dejan sus relaciones sexuales para ese momento.

Algunos de ustedes abrán leído el libro del doctor David Reuben, titulado: «Lo que usted siempre quiso saber acerca del sexo y no se animó a preguntar». Pero luego de considerar las numerosas inhibiciones causadas por la fatiga, pienso que Reuben podría haber titulado su libro: «Lo que usted siempre quiso saber acerca del

148

sexo, pero se encontraba demasiado cansado para preguntar».

6. Finalmente, deseo dedicar un momento a tratar la relación entre la autoestima, y el disfrute sexual.
Dije al comenzar el libro que cada una de las causas
de depresión, se encuentra relacionada con las otras. El
hecho es cierto, particularmente en lo que se refiere a
la conexión entre la dignidad personal y la habilidad
para responder al estímulo sexual. Una mujer que se
siente fea, por ejemplo, y que se avergüenza de su cuerpo, participará en el acto sexual con cierta reticencia.
Ella sabe que es imposible disfrazar una pierna de 40
años de edad, y estas fallas interfieren su sexualidad.
En los seres humanos, el sexo se halla inseparablemen-
te ligado a su naturaleza psicológica. Así que la persona
que se siente tímida, avergonzada e inferior, expresa-
rá su sexualidad en términos similares. Por el contrario, el que confía en sí mismo, y es sano emocionalmente, llevará una vida sexual más plena. Entonces, un
marido tendrá que tener en cuenta que todo aquello
que tienda a reducir la estima de su esposa, se refleja-
rán luego en la cama. Si él la ridiculiza por tener se-
nos pequeños, o por sufrir de varices, o porque posee
un trasero voluminoso, aun cuando lo haga en forma
de chiste, afectará su personalidad y la incomodará durante las futuras relaciones sexuales. Cualquier menosprecio que él deje entrever hacia ella, con toda seguridad surgirá en su relación física. En este aspecto, nuestra conducta sexual difiere radicalmente de las respuestas mecánicas de los animales. Las concomitancias emocionales no pueden ser suprimidas ni negadas, entre los
seres humanos.

Hay mucho más que se podría y se debería decir
acerca de las relaciones sexuales entre hombres y mujeres, pero debemos someternos a las limitaciones del
espacio y del tiempo. Tal vez la sección de preguntas y

149

respuestas que sigue a continuación, nos permitirá introducirnos en otros temas importantes para considerar.

Preguntas y respuestas

Pregunta. ¿Podría decir usted cuáles son los más grandes problemas matrimoniales causados por las dificultades sexuales?

Respuesta. No. Lo opuesto es más exacto. Muchas dificultades sexuales son causadas por problemas matrimoniales. O para decirlo en otra forma: los conflictos maritales que les suceden en la cama, están provocados por conflictos que provienen de afuera de la cama.

Pregunta. ¿Es inevitable que el deseo sexual tenga que disminuir a los 50, 60 o 70 años de edad?

Respuesta. No existe base orgánica para que estos hombres y mujeres experimenten ninguna disminución de sus deseos sexuales a esa edad. El apetito sexual depende mucho más de un estado mental y de una actitud emocional, que de un factor cronológico. Si una mujer se considera a sí misma vieja y poco atractiva podrá perder su interés por el sexo debido a estas razones. Pero son razones secundarias en relación con su edad. Pues desde el punto de vista físico, es un mito que la menopausia en hombres y mujeres determine una apatía sexual.

Pregunta. Entiendo que algunas mujeres fracasan en su disfrute sexual por una debilidad de la estructura muscular pelviana. ¿Es cierto eso? ¿Qué se puede hacer al respecto?

Respuesta. El doctor Arnold Kegel, que fue profesor de Obstetricia y Ginecología de la Escuela de Medicina de la Universidad de California, acumuló considerables evidencias como para demostrar que mu-

150

chas mujeres inhibidas en cuanto a su respuesta sexual, tenían músculos pelvianos flácidos. Se limitó a recomendar algunos ejercicios para tonificar tales músculos, y logró notables resultados con mujeres que nunca antes habían alcanzado el orgasmo. Obviamente, existen otras razones que determinan un mal funcionamiento sexual. A las mujeres que deseen aprender más sobre el tema les recomiendo la lectura de «El acto matrimonial», escrito por Tim LaHaye.

Pregunta. Si aceptamos el hecho de que el apetito sexual difiere en hombres y mujeres, ¿podríamos afirmar que ellos se enredan en aventuras extra-matrimoniales por razones diferentes?

Respuesta. Sí, porque los hombres se interesan más en la excitación de la relación sexual, mientras que las mujeres son más motivadas por el aspecto emocional. Las mujeres a veces se sienten lastimadas en una relación sexual, pero es porque el hombre pierde interés en el sexo cuando su esposa no lo estimula antes. Alguien dijo que los hombres aman a las mujeres en proporción a lo desconocidas que resulten para ellos. Aunque la palabra «amor» es inapropiada para esa frase, hay algo de verdad en su contenido.

Pregunta. Usted ha dicho que hombres y mujeres son muy distintos, no sólo en lo que se refiere a las influencias culturales que pueden sufrir, sino también en lo psicológico. ¿Podría hablar de esas diferencias y de las consecuencias que se derivan de ellas?

Respuesta. El doctor Paul Popenoe, fundador del «Instituto de relaciones familiares norteamericano» en Los Angeles, ha escrito un breve artículo sobre el tema que usted pregunta. Le dejo que él responda a su inquietud: «¿Son las mujeres realmente distintas?»

Uno de los aspectos menos aceptables del movimiento de liberación femenina es su intento de minimizar la diferencia que existe entre los dos sexos. El tema principal del debate, o mejor de sus afirmaciones, es que tales diferencias —si existen— son los resultados de la educación y el entrenamiento, y en ninguna forma se las puede considerar como básicas. Puesto que algunas de esas diferencias, aun si fueran producto de la educación y el entrenamiento, se han mantenido por un millón de años o más, resultaría sorprendente si a estas alturas no están profundamente fijadas. Pero de hecho, los sexos difieren ostensiblemente en características que no están sujetas al cambio ⁻anatómicas y psicológicas⁻, y es un serio error ignorarlas o tratar de hacerlas desaparecer hablando.

Tomemos una diferencia notable, que ciertamente no está producida por la educación o el entrenamiento: la función femenina de la menstruación. David Levy encontró que la profundidad e intensidad del instinto maternal en la mujer, sus sentimientos maternales, están asociados con la duración de su período menstrual, y con la cantidad del flujo. Los profundos cambios en la actividad de sus glándulas de secreción interna, también producen marcadas diferencias en su conducta. En un grupo grande de mujeres parturientas el 18 % estaría menstruando en ese momento. En contraste con ese porcentaje, las autopsias de mujeres suicidas descubrieron que el 40, 50 y aun 60 % de ellas, estaba menstruando en el momento de quitarse la vida.

La Dra. Katherina Dalton, en «El síndrome premenstrual», resume una serie de estudios de cambios de conducta que muestran que una gran porción de crímenes cometidos por mujeres (un 63 % en Inglaterra, y un 84 % en Francia), no han sido cometidos en cualquier momento, sino que se encuentran agrupados justamente en la época de la menstruación. Además, suicidios, accidentes, declinación de su capacidad para el

152

estudio, bajos puntajes en tests de inteligencia, agudeza visual y habilidad para responder. En los Estados Unidos ella calculó que el absentismo por problemas menstruales, costó cerca de cinco billones de dólares un año. Pero los accidentes, el ausentismo y las riñas doméstica con sólo una parte de las repercusiones sociales de los síntomas que afectan a todo el mundo. Se podría llenar un libro tratando las diferencias biológicas que existen entre los dos sexos, y que son de gran importancia en una forma u otra, para la vida cotidiana. Y tales diferencias no provienen de la educación, entrenamiento, ni actitudes sociales hacia los dos sexos. Mencionamos algunas de ellas:

1. Hombres y mujeres son diferentes en cada célula de su cuerpo. Y esta diferencia en la combinación de los cromosomas es la responsable del desarrollo hacia la masculinidad o la feminidad, según el caso.

2. Las mujeres poseen una gran vitalidad en su constitución, tal vez por esta diferencia en los cromosomas. En Estados Unidos, normalmente ella sobrevive al hombre por tres o cuatro años más.

3. Los sexos difieren en su metabolismo basal. Normalmente, siendo más bajo el de las mujeres que el de los hombres.

4. Los sexos difieren en su estructura ósea. Las mujeres tienen la cabeza más pequeña, la cara más ancha, la barba menos prominente, las piernas más cortas y el tronco más largo. El primer dedo de la mano femenina usualmente es más largo que el tercero. En los hombres sucede lo contrario. Los dientes de los muchachos duran más tiempo que los de las niñas.

5. La mujer tiene estómago, riñones, hígados y apéndice más grandes, pero sus pulmones son más pequeños.

6. En cuanto a sus funciones, la mujer cumple algunas que están totalmente ausentes del cuerpo mascu-

lino: menstruación, embarazo y lactancia. Todas ellas influyen sus sentimientos y su conducta. Ellas tienen hormonas diferentes a las de los hombres. Las mismas glándulas se comportan en forma distinta en los dos sexos: así, la tiroides femenina es más grande y más activa. Se agranda durante el embarazo y la menstruación, pero también vuelve a la mujer más propensa al bocio, le da más resistencia al frío, le mantiene la piel más suave, el cuerpo ausente de vellos, una capa subcutánea más delgada cuando se trata de grasa. Y todos éstos son elementos importantes cuando hablamos de la belleza personal. Pero además contribuye a la inestabilidad emocional femenina. Ella puede reír o llorar con más facilidad.

7. La sangre de la mujer contiene más agua. (Un 20 % menos de glóbulos rojos). Ya que ellas proveen de oxígeno a las células del cuerpo, la mujer se cansa más fácilmente, y es más propensa al desmayo. Su fortaleza constitucional no posee muy largo alcance. Cuando trabajaban en las fábricas inglesas durante la segunda guerra, y el trabajo se incrementó de 10 a 12 horas diarias, los accidentes de mujeres aumentaron hasta en un 150 %, mientras que los de los hombres, no.

8. En fuerza bruta, los hombres doblegan a las mujeres.

9. El corazón de las mujeres late más rápidamente (80 veces por minuto contra 72 en los hombres). La presión sanguínea es más baja (10 puntos menos que en los hombres), varía de minuto a minuto, pero tienen mucha menos tendencia a la presión alta, por lo menos hasta antes de la menopausia.

10. Su capacidad vital o poder respiratorio es menor en proporción de 7 a 10.

11. Ellas soportan mejor que los hombres las altas temperaturas, su metabolismo baja menos. (1)

154

Pregunta. Yo desearía ser totalmente libre para poder hacer cualquier cosa. Pienso que mi conducta no tiene que afectar a los otros.

Respuesta. Usted no puede hacer nada que no tenga cierta influencia sobre otras personas. Para ilustrar lo anterior, le sugiero que respire profundamente y retenga el aire por un momento. El aire que usted ha inhalado contiene por lo menos tres átomos de nitrógeno que también fueron inhalados por cada ser humano que ha existido. Literalmente hablando, una porción de este mismo aire ha estado en los pulmones de Jesucristo, de Abraham Lincoln, Leonardo Da Vinci y Spiro T. Agnew. De hecho, cuando usted respira, por lo menos tres átomos de nitrógeno de los que recibe, también fueron inhalados por los dinosaurios prehistóricos. Cada ser humano inter-actúa con las otras criaturas de la tierra, y el más pequeño acto, puede tener consecuencias a través de los siglos.

Déjeme ilustrar un poco más esta interacción. Supongamos que en el año 1500 un acto aparentemente insignificante de una relación sexual, deleitó a una pareja, de la cual nació un niño. Si se hubiese demorado la concepción aunque sea cinco minutos, un espermatozoide distinto hubiera fecundado el óvulo de la madre. Lo que hubiese significado que un niño distinto habría nacido, por esos minutos de interferencia. Y hay un 50 % de probabilidades de que el sexo hubiese sido el mismo, y otro 50 % a favor de que hubiese cambiado. Entonces la influencia de la anterior persona que habría sido concebida, es reemplazada por la que realmente nació. Y esa influencia se multiplicaría a través de todos los días de su vida. ¿Cuántas cortas concepciones hubiesen podido ser reemplazadas en un plazo de 70 años? Es imposible calcularlo, pero el impacto de aquel acto original a través de las décadas, habría derivado en una población humana totalmente distinta a la que tenemos actualmente. Imagínese qué distinto hubiese sido el mundo si en vez de Hitler, el tiránico dictador, hubiese sido concebido un hermano diferente.

En resumen, es increíblemente ingenuo imaginarse que uno pueda hacer algo sin afectar a las personas que nos rodean y a todos los habitantes de la tierra. Por eso, yo rechazo con irritación, el idiota estribillo de esta cultura separatista: «Si te parece que es bueno, hazlo».

Pregunta. Me siento cada vez más decepcionado por los programas de televisión que entran a mi hogar. ¿Podría comentar algo sobre el impacto de la televisión para nuestra sociedad?

Respuesta. La televisión posee la enorme capacidad de influir sobre cada aspecto de nuestras vidas, desde las actitudes hacia los políticos, hasta los más pequeños actos cotidianos. ¿No se ha dado cuenta que el televisor aún nos señala los momentos en que tenemos que ir al baño? Yo diría que los hombres que trabajan en las alcantarillas de las grandes ciudades pueden determinar el momento preciso en que pasan los comerciales en el programa de televisión, porque las cañerías deben recibir mayor flujo en ese instante. Esto es el ejemplo más doméstico del poder que tiene la televisión para gobernar nuestra conducta.

La efectividad que posee este medio, hace que su corrupción sea algo peligrosísimo. La frecuencia obsesiva con que la televisión presenta robos, ladrones, homosexualidad, prostíbulos, violencia, rapiña y abusos sexuales, contribuye a que estos males se perpetúen en la vida diaria. Me he sentido supremamente molesto ante el metódico ataque que se lanza contra la vida familiar tradicional, que es ridiculizada y criticada todas las noches del año. Hay un programa televisivo titulado «El show Mer Griffin» que muy a menudo parece estar dedicado a una destrucción sistemática del matrimonio como institución. Mi permanente disgusto ante tal hecho, me llevó a escribirle una carta personal al director del programa, el 17 de diciembre de 1974:

Sr. Mer Griffin.
1735 Vine Street
Hollywood, California 90028

Apreciado Sr. Griffin:

Luego de seguir su programa televisivo durante los últimos cuatro años, no puedo seguir guardando silencio acerca de un asunto que me interesa muchísimo y que me causa gran preocupación. Noche tras noche su programa ha sido dedicado a destruir y desmembrar la tradicional familia norteamericana. Usted y sus invitados han atacado incesantemente al matrimonio como institución a la fidelidad sexual, la atención paterna de los chicos, y todo otro elemento que contribuya al éxito familiar. Mucho más importante es el hecho de que muy rara vez usted ha permitido que se exponga el punto de vista contrario a tales tesis.

Mis afirmaciones se encuentran ilustradas por los comentarios echos en un programa típico que salió al aire, en Los Angeles, el lunes, día 9 de diciembre de 1974. El programa se limitó a lanzar dos horas de veneno ininterrumpido, y cito algunos ejemplos a continuación:

John Bynes, su primer invitado, dijo que se había divorciado hace nueve años, y que había criado a sus dos hijos él solo. Además, dijo que había sido algo muy conveniente.

Pamela Mason entró en escena diciendo que estaba totalmente opuesta al concepto del matri-

157

monio. «Es un papel que te da el gobierno, y que vale dos dólares, donde tratan de imponerte con quién debes acostarte.» Además, dijo que había estado casada con James Mason durante treinta años, y que en ese período lo había engañado por lo menos en cinco ocasiones. Añadió que reconocería su voz si élla llamaba hoy por teléfono. Esta señora terminó su intervención diciendo que el problema del mundo actual es que todavía hay mucho fervor religioso: «Debemos librarnos de eso», afirmó.

Luego apareció ante las cámaras, cantando una canción acerca de la inestabilidad de la relación hombre-mujer titulada: «Todo se permite en el amor».

Carole Cook fue la próxima invitada. Cuando se trató el tema de la fidelidad sexual ella dijo: «Yo soy pura como el barro». Usted y la señora Mason le preguntaron acerca de su matrimonio con un hombre divorciado, asegurándole burlonamente que ella «estaba viviendo en pecado». «¡Oh!, eso me encanta.» (Y la audiencia se reía.) Luego explicó que no le preocupaba mucho el asunto del matrimonio, porque eso obligaba a «tener que contarle a tu marido tus propias acciones, y tener que responderle por tu conducta».

Rubin Carson se añadió al grupo. Y su contribución a la discusión fue contar que estaba trabajando en una película sobre el tema del «matrimonio abierto», y sobre la posibilidad de no permanecer fiel en un matrimonio. Dijo que se había casado tres veces y que prefería el divorcio a la infidelidad. Añadió que estaba escribiendo un libro titulado: «El sexo es una forma normal de decirse ¡hola!».

Así fue cómo durante dos horas se inyectó en las venas del hogar norteamericano esta destructiva propaganda que puede corrompernos. A menos que seamos capaces de reconocer al caballo de Troya, lleno de enemigos, usted habrá logrado invadirnos con su perniciosa filosofía, cuidadosamente camuflada como humor y entretenimiento. ¿Cuántos adolescentes que vieron su programa del 9 de diciembre se han puesto a comparar sus propios valores con las tonterías lanzadas por sus invitados? (Esos jóvenes están oyendo tales cosas todas las noches, una y otra vez.) ¿Cuántas esposas encuentran en sus palabras el estímulo que necesitaban para abandonar sus responsabilidades en el hogar? ¿Cuántos maridos deciden durante su programa aceptar esa relación extramatrimonial que se les ha venido ofreciendo y que hasta ahora habían declinado? ¿Cuántos niños lo culparán a usted algún día por la desintegración de todo lo estable que tenían en sus vidas? Yo no puedo darle las respuestas en términos numéricos, pero sé que usted y sus colegas están destruyendo en forma sistemática los cimientos mismos de la familia. Y cuando se desintegre totalmente, usted y el resto de nuestra sociedad también serán destruidos junto con ella.

Yo soy una sola voz, pero haré todo lo posible por hacerme oír en este asunto. Y espero por lo menos presionarlo a usted, para que dé oportunidad a presentar el otro enfoque del tema en sus próximos programas.

Sinceramente,

James C. Dobson

Doctor en Medicina, Profesor Rdjunto de Pediatría.
Escuela de Medicina, Universidad de California.

Copias de esta carta fueron enviadas a la «Comisión federal de comunicaciones» y al señor John F.

Kluge, presidente de Metromedia. Ni el señor Griffin, ni el señor Kluge respondieron a mi carta. La «Comisión federal de Comunicaciones» me envió una explicación impresa diciendo que no podían interferir la libertad de expresión. Y el asunto continúa.

Esta característica de «intocable» que tiene la televisión, hace que sus devastadores efectos influyan con más fuerza en nuestra sociedad. Nunca antes, en la historia de la humanidad ha existido una fuerza comparable a ésta, con su poder para cambiar las costumbres sociales y los valores tradicionales, en un tiempo tan corto. Uno de sus objetivos ya ha sido mencionado antes. El público es bombardeado día y noche con este mismo tema en forma incesante. Está incluido en cada drama, en cada nuevo programa, y en cada show nocturno. La cuidadosa campaña está destinada a transformar el papel de la mujer en Estados Unidos. Este sencillo mensaje es presentado en cientos de maneras diferentes y creativas: Si usted está en casa cuidando chicos, está siendo maltratada, lastimada, y explotada como ser humano, ¿por qué no le da algún significado a su vida y se ingresa al mundo de los negocios, junto con todas las demás mujeres? Para promocionar esta idea más efectivamente, se presentan mujeres policías, cirujanas, periodistas, editoras, o cualquier otra cosa, menos amas de casa y madres.

Mientras no existe nada de malo en el hecho de que una mujer elija ser cirujana o editora de un diario, yo rechazo el mensaje subyacente de que la maternidad, y las labores del ama de casa, son una afrenta a la dignidad femenina. Y es también irritante la doblez de los anunciadores que ofrecen sus programas como entretenimientos, cuando su propósito real es cambiar la estructura del hogar norteamericano.

¿Qué puede hacer uno para oponerse a esta fuerza superpoderosa, ante la falta de manifestación de la mayoría? Resulta difícil obtener una respuesta para tal pregunta. Tuve una buena ilustración acerca de la parcialidad de los medios de comunicación el mes pasado cuando en un viaje de Phoenix a los Angeles me senté al lado de una médico. Ella trabajaba para la «Asociación del derecho a la vida», la cual se opone a la continuación de los abortos indiscriminados. (En 1974, se realizaron 900.000 abortos conocidos en Estados Unidos). Me expresó su gran preocupación ante la censura ejercida en diarios, revistas y televisión, contra el punto de vista opuesto al aborto. En los primeros meses del año, se organizó una marcha de 50.000 mujeres en Washington D.C., llevando carteles y repartiendo literatura, en defensa de la ley de «Respeto a la vida». Revistas como «Newsweek» y «Time», enviaron sus reporteros para cubrir el evento, así como también lo hicieron las cadenas de televisión. Pero hasta la fecha, ni una sola de estas poderosas fuerzas de la comunicación, ha dicho una sola palabra acerca del acontecimiento. Las líderes de la marcha recibieron el comentario de que el evento «no era noticia». La semana siguiente, sin embargo, menos de 20 representantes del movimiento pro-aborto, también marcharon por Washington, y sus palabras y acciones fueron transmitidas a todo lo largo y ancho de la nación esa noche misma. En este caso, 50.000 personas fueron ignoradas, mientras que 20 disfrutaron de toda la cobertura informativa. La doctora me dijo que esto tipifica la tremenda barrera para la promoción, con que su organización se ha enfrentado constantemente.

Yo desearía proponer una solución a la parcialidad que exhiben los medios de comunicación. Aunque no tengo el tiempo ni los recursos para instrumentar esta sugerencia, tal vez, alguno de mis lectores quisiera dedicarse a ella. Necesitamos urgentemente una oficina central que pueda reunir y registrar nuestras opiniones colectivas. En lugar de escribir al canal como yo lo hice con Mery Griffin, nuestra protesta debería ser enviada a una oficina de coordinación, que luego podría transmitir nuestras opiniones a los ejecutivos que ignoran las voces individuales. Se trata de hacer números. Si esta oficina recibe 100.000 cartas que se oponen a un programa en particular, el poder sería un millón de veces más grande que el de unas pocas objeciones aisladas en distintos lugares. Aún se puede hacer más: los patrocinadores de un programa de ese tipo pueden ser amenazados diciéndoles que su producto será boicoteado si continúan apoyando tales audiciones. Por otro lado el servicio de coordinación también podría respaldar los programas constructivos, ofreciendo su apoyo y reconocimiento cuando sea bien merecido. El servicio podría ser sostenido a base de contribuciones de 5 dólares por año de aquellos que ahora no tenemos representación ante los medios masivos de comunicación, y recibiría el apoyo de las iglesias, y otro tipo de organizaciones que creen en la familia y desean preservarla. Si no tenemos algún método para canalizar nuestras opiniones colectivas, entonces los ejecutivos de la televisión poseen el poder de introducir sus ideas dentro de nuestros hogares durante todo el año, y nosotros nos encontramos indefensos ante ellos.

Pregunta. En relación a sus comentarios acerca del lugar de la mujer, me parece a mí que ahora la discriminación es al contrario, y las mujeres han sido caracterizadas como muy superiores al hombre. ¿Qué opina usted?

Respuesta. La imagen de la mujer que ahora están transmitiendo los medios masivos de comunicación es una ridícula combinación de fantasía exagerada y propaganda feminista. Se pasean alrededor de la ciudad en un hermoso auto sport, mientras que sus compañeros masculinos las observan sentados pasivamente, pero mordiéndose las uñas de ansiedad. Tal tipo de mujer exhibe una gran dosis de confianza en sí misma y se debe a una buena razón: ella puede desarmar a cualquier hombre con un golpe de kárate, o una patada a los dientes. Vive armada con una mortífera pistola y juega al tenis o al fútbol como una profesional. Habla en frases ordenadas perfectamente, como si sus más pequeñas expresiones hubiesen sido redactadas por un equipo de profesores del idioma, ubicados en la parte de atrás de su hermosa cabeza. Es una picaflor sexual, o para decirlo en otras palabras, no se la podría agarrar ni muerta en una ceremonia de casamiento. Tiene la gran fortuna de ser perpetuamente joven, pues nunca envejece, ni comete errores, ni hace el papel de tonta. Resumiendo, ella es prácticamente omnisciente, excepto que adolece de una pequeña incapacidad para hacer las cosas que tradicionalmente haría una mujer, tales como cocinar, coser, y criar chicos. Verdaderamente esa heroína de las películas es un especimen especial, orgullosa y sin compromisos, bien plantada y con las manos en las caderas. ¡Oh, sí! Esta nena viene recorriendo un largo, largo camino, no lo dudemos.

Supongo que rechazo esta imagen artificial de la mujer por la hipocresía representada por aquellos que la crearon. Nuestra aplomada superestrella es un producto del movimiento que rechazó las mismas ridículas fantasías en el mundo masculino. Se ha dicho mucho acerca de las locuras de la vanidad masculina, y de su intolerable orgullo y arrogancia a lo largo de todo el mundo. Muchas de tales características han sido reprochadas, en hombres auto-suficientes y super-poderosos, que alimentaban su auto-estima a expensas de las mujeres.

Pero si el egoísmo masculino es malo (y lo es), entonces ¿por qué sus oponentes trabajan arduamente para crear una versión femenina con los mismos defectos?

Estas campañas contradictorias fueron emprendidas con igual vigor; mientras que por un lado se condenaba la supremacía masculina, por el otro, se propagaba la superioridad femenina. Porque no podemos dejar de admitir que la superioridad, la arrogancia y el orgullo, molestan donde quiera uno los encuentre, y las super-mujeres son tan raras como los practicantes del kárate, y profesionales de la pistola, del mundo masculino.

Pregunta. ¿Qué es la bisexualidad, y por qué se oye tanto acerca de ella actualmente?

Respuesta. Un bisexual es aquel que puede tener relaciones tanto con el otro sexo, como con el suyo propio. La relación con el sexo opuesto se llama heterosexual, y con el propio sexo, homosexual. En el momento de escribir esto, la bisexualidad es la novedad entre los jóvenes, y está recibiendo gran publicidad en la prensa norteamericana. La reciente portada de la revista «Cosmopolitan» presenta la pregunta: «¿Es la bisexualidad inconcebible en ningún caso?» Además decía: «¿Estaría usted preparada para una relación con lesbianas?» «Existe un sorprendente número de mujeres "normales" que pueden actuar como hombres...» Y el artículo concluía con la afirmación: «Sobraría la pregunta de si todos estamos o no, predestinados a ser bisexuales. Sin embargo, pase lo que pase en el futuro, podemos concluir que ahora mismo, para algunos que lo han intentado, la bisexualidad ofrece una satisfactoria —y a menudo afectuosa— manera de vivir.» (2)

La revista «Vogue» trae una historia similar con el mismo mensaje. Alex Comfort, escribiendo un artículo titulado «Más gozo», predice que la bisexualidad será aceptada como algo normal en la moralidad de la clase media dentro de 10 años. Y en un reciente programa de televisión, lanzado al aire un sábado en la tarde, cuando un gran número de niños están frente a la pantalla, fueron representadas cuatro agresivas lesbianas.

Y no estaban defendiendo sus propias preferencias sexuales, estaban promoviendo la homosexualidad femenina, con todo el entusiasmo del que eran capaces. Un televidente grabó la audición y me envió una transcripción palabra por palabra de lo que se dijo. Incluyendo el resumen de alguna de las afirmaciones de las lesbianas: «Algunos me preguntan si sentiría tristeza por el hecho de que mi hija empezara a ser lesbiana, y yo les contesto: Me sentiría muy dichosa.» (Curiosamente, la invitada que actuaba como moderadora en el programa descrito, era la militante feminista que apareció como la «otra invitada» en el programa de televisión que mencioné anteriormente en este libro. Usted ve: Su ira estaba ya satisfecha.)

¿Nos maravillaremos de que la homosexualidad sea considerada «contagiosa»? Eso se extiende, y esta clase de publicidad es su vehículo de propagación. A veces, yo pienso que estamos tan ciegos ante el mal, que no podríamos reconocer la inmoralidad, aún si se nos presentara en la forma de un elefante que atraviesa la puerta. Seguro que alguien diría: «Es sólo un ratoncito con un problema glandular.» Y casi todos hubieran estado de acuerdo.

Yo recuerdo las eternas palabras del profeta Isaías, escritas en el Antiguo Testamento:

«¡Ay, de los que a lo malo dicen bueno y a lo bueno malo; que hacen de la luz tinieblas, y de las tinieblas luz, que ponen lo amargo por dulce, y lo dulce por amargo!

¡Ay, de los sabios en sus propios ojos, y de los que son prudentes delante de sí mismos!

¡Ay, de los que son valientes para beber vino, y hombres fuertes para mezclar bebida;
los que justifican el impío mediante cohecho, y al justo quitan su derecho!

Por tanto, como la lengua de fuego consume el rastrojo, y la llama devora a la paja, así será su raíz como podredumbre; y su flor se desvanecerá como polvo; porque desecharon la ley de Jehová de los ejércitos, y abominaron la palabra del Santo de Israel.» (Isaías 5:20-24).

La moralidad e inmoralidad, no son definidas por las cambiantes actitudes, y las costumbres sociales. Ellas han sido determinadas por el Dios del universo, cuyos eternos mandamientos no pueden ser burlados impunemente.

Paul Ponenoe, «Are Women Really Different?» «Familily Life» February 1971. Vol. XXXI No. 2. Usado con permiso.
2. From Cosmopolitan Magazine, June 1974. Citado con permiso.

8

Molestias menstruales y sicológicas

En octubre de 1959, mi madre empezó repentinamente a deteriorarse en el aspecto físico y emocional. Se sentía terriblemente nerviosa e irritable, y experimentó una depresión persistente a través de varias semanas. Su rostro se ensombreció y le salieron grandes ojeras oscuras. Se hizo revisar por un médico que la examinó y diagnosticó que sus síntomas tenían orígenes emocionales. Le recetó un calmante para «tranquilizar los nervios», pero la medicina surtió el efecto contrario, y la tornó más nerviosa que antes. Visitó a otro doctor, el cual formuló el mismo diagnóstico y le recetó un calmante diferente. Pero enfrentó las mismas consecuencias que con el anterior. Continuó buscando una respuesta a los malestares emocionales que la acosaban, pero nadie parecía saber qué era lo que realmente le sucedía. Seis médicos consultados coincidieron en afirmar que su problema era básicamente psíquico, y le recetaron medicamentos que agravaron aún más su situación.

Mi madre empezó a perder peso y cada día encontraba más difícil enfrentarse con las responsabilidades de la vida diaria. Comenzó a pensar sobre su propia muerte, y en una ocasión me llamó por teléfono para decirme el vestido que quería le pusieran para sepultarla. Mi padre y yo sabíamos que esto no era normal en ella y notamos que desmejoraba rápidamente. El día siguiente llamé a un médico que había sido amigo de nuestra familia durante varios años: «Pablo —le dije con preocupación—, tienes que venir a ayudarme con mi madre, porque parece que se nos está yendo rápidamente.» El me pidió que le describiera los síntomas, cosa que hice. Repasó los detalles por un momento y me dijo: «Envíame a tu mamá para que yo la vea, creo que la puedo ayudar.»

La mañana siguiente, mi madre visitó el médico a quien yo había consultado. Su diagnóstico fue que ella estaba sufriendo una gran carencia de estrógeno, como causa de la menopausia, o mejor, como consecuencia de ella, y le recetó inmediatamente una inyección de esta esencial hormona. Volvió a la semana siguiente por otra inyección y continuó cada siete días durante un año, con el tratamiento. Aunque su «curación» no fue instantánea, el efecto de la medicación fue como cambiar de la oscuridad a la luz. La depresión desapareció, los ojos apagados recobraron su brillo, empezó a interesarse en la vida nuevamente, y volvió a ser la mujer que habíamos conocido y amado durante tantos años.

El estado emocional y físico de mi madre permaneció estable durante diez años, hasta que ellos se mudaron a unos 3.000 kms. de distancia del médico que le había estado proveyendo del estrógeno necesario. Ahora comenzó de nuevo la búsqueda de un doctor que comprendiera la situación. El médico a quien consultó estaba en desacuerdo con el diagnóstico, pero le recetó el estrógeno porque a ella parecía hacerle bien. «¿Para qué dejar algo que ha servido hasta ahora?», fueron sus palabras.

Sin embargo, un día, cuando ella fue a colocarse su inyección semanal, el médico le dijo que no la podría atender más. Nuevamente comenzó la desesperada búsqueda de un doctor, y finalmente encontró unos a 30 kms. de donde vivía. El tratamiento continuó exitosamente durante un año, hasta que empecé a recibir las mismas llamadas deprimentes que habían caracterizado su primera crisis. Ella perdió 20 kilos en pocas semanas, y se la pasaba llorando durante horas, cada día. Tenía palpitaciones al corazón y sufría malestares y temblores. Cuando llamó desesperadamente a su médico, él le contestó: «Me parece que son nervios», y le recetó tranquilizantes que nuevamente la pusieron más nerviosa que antes. Otro médico gastó hora y media hablándole acerca de los peligros del estrógeno.

Finalmente la internaron en un hospital para hacerle toda clase de exámenes. Sus médicos la sometieron a la acostumbrada serie de pruebas estomacales, de tolerancia de glucosa, y todas las demás necesarias para diagnosticar. Pero no pudieron hallar la causa de su malestar. Otros médicos hicieron algunos exámenes más, pero tampoco encontraron nada definitivo.

Yo pensaba claramente que el problema de mi madre tenía causas orgánicas. Ella y mi padre habían visitado nuestro hogar en California antes que los síntomas volvieran a aparecer, y ella se había sentido tranquila y feliz. Pero de pronto, sin ninguna causa exterior, comenzó a empeorarse nuevamente. Llamé por larga distancia a un médico amigo de la ciudad de

Kansas, y le pregunté si el problema podría ser de tipo hormonal, ya que los síntomas eran similares a los que había experimentado trece años atrás. El negó la posibilidad: «Francamente —me dijo—, yo creo que el estrógeno actúa como una panacea, es eficaz simplemente porque la mujer piensa que le hará bien. Pero en verdad, supongo que no sirve para mucho.»

A estas alturas, las llamadas de auxilio volvieron a reiterarse dos o tres veces por semana. Mi madre lloraba y me decía que no había podido dormir ni comer nada desde hacía 24 horas. Entonces tomé el teléfono y llamé al jefe de obstetricia y ginecología de la Escuela de Medicina de la Universidad de California donde trabajo.

Le describí los síntomas y le pregunté si pensaba que sería un problema hormonal. Su respuesta fue afirmativa, y me dijo el nombre de un conocido ginecólogo de la Universidad de Kansas. Inmediatamente le comuniqué esta información a mi madre.

Para abreviar una larga historia, el misterio encontró su solución dos días más tarde. A través del tratamiento de doce años de inyecciones semanales, mi madre había acumulado un tejido cicatrizado en la cadera donde recibía la dosis de estrógeno. Aunque continuaba recibiendo la dosis semanal, no estaba absorbiendo casi nada de la hormona en sí. El médico había descartado la carencia de estrógeno, porque ella continuaba su tratamiento normal, pero en realidad tenía una gran necesidad. Y la falta de estrógeno era muy grande. Nosotros tenemos una gran deuda con el hombre que descubrió la situación y rectificó el problema recetando una dosis regular de estrógeno por vía oral. En el momento en que se iniciaron las dificultades de mi madre en 1959, yo era un médico recién graduado de la Universidad de California. Así, que inintencionalmente, ella me estaban dando una gran lección en cuanto a los problemas asociados con el climaterio femenino. Es el reajuste de hormonas que sucede durante la menopausia. Yo necesitaba conocer el tema, de manera que me dediqué a estudiar toda la literatura profesional al respecto, y he visto a muchas mujeres que estaban sufriendo el mismo malestar indetectable. Se han presentado a mi consultorio buscando tratamiento para sus desórdenes emocionales, pero en cuestión de minutos, los mismos síntomas que denuncian una falla hormonal salen a la luz. Algunas veces he conocido el problema perfectamente, aun antes que la mujer diga una sola palabra. Basta con mirarle a la cara.

Pienso que sería útil hacer una lista de los síntomas que están relacionados con el climaterio femenino. Pero antes debo prevenir al lector, diciendo que otros problemas físicos y emocionales pueden producir ocasionalmente, las mismas o similares dificultades. El estrógeno no puede ser considerado como la «droga milagrosa» para todo tipo de problemas emocionales que pueden presentarse en esa etapa de la vida. En cuanto al lector que tenga una madre con esta clase de problemas, o si alguna que lee está sufriendo ella misma esta clase de síntomas, le recomendaría que consulte a un ginecólogo que trabaje en una facultad de medicina, o en el hospital de la zona. Se puede hacer una lista de aproximadamente 32 dolencias específicas que pueden ser causadas por la falta de estrógeno. Aunque son pocas las mujeres que experimentan todas juntas. La lista siguiente está basada en mis propias observaciones, pero ha sido verificada con exactitud a través de un trabajo realizado por profesionales de «Laboratorios Ayerst», bajo la dirección del doctor Herbert Kupperman, profesor de obstetricia y ginecología, de la Universidad de Nueva York. También ha sido revisada por el doctor David Heinández.

Síntomas emocionales

1. Depresión extrema. Tal vez, durante meses, sin interrupción.

2. Un alto grado de subestimación, acompañado de sentimientos de indignidad propia y desinterés en la vida.

3. Muy baja tolerancia hacia la frustración, lo que da origen a explosiones temperamentales y emocionales.

4. Muy poca tolerancia hacia el ruido. Aún el sonido de la radio, o las normales respuestas de los niños, pueden ser extremadamente irritantes. El zumbido en los oídos, también suele presentarse.

5. Una gran necesidad y demanda de pruebas de amor, y si faltan, sospechas de que una rival pueda estar robándole el marido.

6. Interrupciones durante el sueño.

7. Incapacidad para concentrarse, y dificultad para recordar.

Síntomas físicos

1. Desórdenes gastro-intestinales, problemas de digestión y apetito.

2. «Golpes de calor», en varios lugares del cuerpo durante pocos segundos.

3. Vértigos y mareos.

4. Constipación.

5. Temblores.

6. Picazón en las manos y en los pies. Con frecuencia se sienten las extremidades «dormidas».

7. Sequedad y pérdida de la elasticidad en algunas partes de la piel.

172

8. Sequedad en las membranas mucosas, especialmente en la vagina, lo que hace que el acto sexual se torne doloroso o imposible.

9. Gran reducción del deseo sexual.

10. Dolores en varios lugares del cuerpo (neuralgias, mialgias, y astralgias).

11. Taquicardia y palpitaciones al corazón.

12. Dolores de cabeza.

13. Ojeras oscuras. Este síntoma es muy útil para el primer diagnóstico.

14. Pérdida de peso.

La condición de la pobre mujer que ingresa al consultorio del médico, con alguno de estos síntomas, ha sido descrita con las palabras: «El síndrome de la mano caída.» Se lleva la mano derecha a la cabeza y dice: ¡Ay! Mi cabeza parece que estuviera rota, y me zumban los oídos, y siento lastimados los pechos, y me duele la espalda y las nalgas, y me tiemblan las rodillas.» Y verdaderamente tiembla, desde la coronilla hasta la punta del pie. Un médico me contó, recientemente, que su enfermera estaba tratando de obtener la historia clínica de una paciente que respondía afirmativamente a cuanto síntoma negativo hemos mencionado. Cualquier malestar o problema que el médico le nombrase, ella ya lo tenía. Finalmente desesperada, la enfermera le preguntó si no le dolía algún diente, para ver qué contestaba. La paciente arrugó el ceño un momento, se pasó la lengua por los dientes y dijo: «Pensándolo bien, hasta los dientes me duelen.» Una mujer menopáusica como ésta es capaz de pensar que todo anda mal.

Creo que muchos médicos, especialmente aquellos que no practican la ginecología, están muy poco informados acerca de la relación que existe entre el nivel de estrógeno, y la estabilidad emocional de la mujer.

Gerald M. Knox, escribiendo en «Better Homes and Gardens» (Mejores hogares y jardines), cita numerosas autoridades médicas en su artículo titulado: «Cuando la melancolía lo derrumbe.» En esta publicación él afirma: «Los doctores han discutido acerca de la posibilidad de que la mujer de 40 años fuera susceptible a una forma de depresión llamada "La melancolía de la involución", presumiblemente producida cuando la menopausia altera el nivel hormonal. Muchos dudan ahora de su existencia. Dicen que el viejo dignóstico simplemente representaba la parcialidad masculina.» (1) Cualquiera que haya siquiera tratado con una mujer que tiene un estado de carencia de estrógeno, podrá reconocer instantáneamente la falacia de Knox. ¿Así que son sólo «opiniones masculinas»?

La dependencia física del estrógeno que caracteriza a muchas mujeres, posee grandes implicaciones psicológicas, y el fracasar en reconocer este hecho, puede ser devastador para la paciente menopausica.

Me consultó una mujer de 40 años que vino a verme en un profundo estado de desesperación. Estaba macilenta, ojerosa y lloraba mientras me hablaba. Años atrás había sufrido la extracción de la glándula tiroides y de sus órganos reproductivos. Estas operaciones la privaron de hormonas importantes como la tiroxina y el estrógeno, y su cirujano falló al no recetarle un reemplazo de ellas. Como se podía esperar, comenzó a deteriorarse emocionalmente, se sumió en la depresión, y lloraba durante horas seguidas. Su esposo e hijos simpatizaban con ella pero no sabían cómo poder ayudarla. La familia pensaba que consultar a un psiquiatra era una cosa inaceptable desde el punto de vista de su posición social. Así que ella no encontró otra solución que irse el último cuarto de la casa y encerrarse allí. Esta desdichada mujer, permaneció detrás de esa puerta, durante más de dos años. Su familia le traía y

174

le llevaba la comida y la bebida durante el día. Cuando finalmente vino a verme, inmediatamente la derivé a un médico que conocía mucho de esta clase de problemas. Un mes más tarde ella me escribió una hermosa carta, diciéndome, que por primera vez en tres años ahora sentía que su vida tenía perspectivas. Mi experiencia con esta señora, y con otras pacientes similares, me ha vuelto un poco intolerante con los médicos que «no creen» en la terapia hormonal, aún cuando tal necesidad sea bien evidente. Y estoy seguro que hay muchas mujeres confinadas en los hospitales para enfermos mentales, que están sufriendo porque padecen de una carencia de hormonas, un problema que se le solucionaría en forma muy fácil.

Antes de dejar, el tema, que puede ser un poco polémico: El médico puede medir el nivel de estrógeno usualmente mediante un examen pelviano. En otras palabras, el recuento de estrógeno en el cuerpo de una mujer se conoce a través de una muestra tomada de la vagina. Sin embargo, las consecuencias emocionales de la falta de estrógeno, obviamente no ocurren en la vagina, sino dentro del cerebro de la mujer. Es perfectamente factible que el examen de laboratorio muestre un nivel «normal» de estrógeno en la vagina de alguna mujer, pero ella puede experimentar un déficit hormonal en su cerebro, donde el examen de laboratorio se torna imposible. Entonces muchos ginecólogos ahora tratan con los síntomas emocionales, sea o no, que la prueba de laboratorio revele una deficiencia. Con la excepción de unas pocas y raras complicaciones (de coagulación de la sangre) el estrógeno no parece ser tóxico, y debe ser administrado cuidadosa y responsablemente a quienes aparenten necesitarlo. Aún más, yo he visto a una docena o más de mujeres con falta de equilibrio hormonal aún cuando ellas estaban recibiendo estrógeno por vía oral. El intestino no es un órgano perfecto, y a veces fracasa en asimilar algunas sustancias que pasan a través de él. No tenemos la garantía de que todo lo que se coma llegue hasta el torrente sanguíneo. Como ha acontecido para la agonía de las mujeres menopáusicas que estaban bajo tratamiento justamente para prevenirlo.

Ahora, habiendo considerado la depresión relacionada con la falta de estrógeno durante la menopausia, trataremos algunos problemas comunes a las mujeres más jóvenes durante el ciclo menstrual. Primero, yo desearía recalcar un hecho comprendido por muy pocas mujeres: La auto-estima está directamente en relación al nivel de estrógeno, de aquí que sus fluctuaciones son predecibles a través de los 28 días del ciclo. El gráfico que aparece abajo tiene la misma diagramación que uno presentado en otro capítulo anterior, pero su significado es muy diferente. (2)

Nivel normal hormonal y disposición de ánimo. En el ciclo menstrual regular, el estrógeno alcanza su punto máximo, a la mitad del ciclo (ovulación). Ambos, el estrógeno y la progesterona, circulan durante la segunda mitad del ciclo, pero se agotan rápidamente, antes de la menstruación. El ánimo cambia con la fluctuación del nivel hormonal. La mujer se siente bien en cuanto a su propia estima, y experimenta menos ansiedad y hostilidad a la mitad del ciclo.

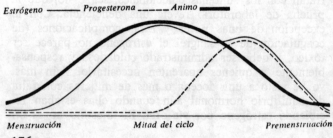

Estrógeno ——— Progesterona ————— Animo ▬▬▬

Menstruación   Mitad del ciclo   Premenstruación

Tomando en cuenta que el nivel de estrógeno alcanza su punto más bajo durante la menstruación, a la derecha, en el gráfico, así también decae el ánimo general. La producción de estrógeno crece nuevamente día tras día, y llega a su cima cerca del tiempo de la ovulación a mitad del período. Este momento también se presenta como un tiempo de gran optimismo emocional y confianza en sí misma. Entonces la otra hormona, progesterona, es producida durante la segunda mitad del ciclo, causando un incremento de la tensión, ansiedad y agresividad. Finalmente las dos hormonas decaen durante el período pre-menstrual, llevando el ánimo a su punto más bajo, nuevamente. Estas regulares fluctuaciones en las emociones han sido repetidamente documentadas por varios investigadores. Por ejemplo: Alec Coppen y Neil Kessel, estudiaron 465 mujeres, y encontraron que ellas estaban mucho más deprimidas e irritables, antes de la menstruación, que a mitad del ciclo. Y esto se sucedía en todo tipo de mujeres: neuróticas, psicóticas, y normales. Igualmente Natalie Sharness, encontró el período pre-menstrual, asociado con sentimientos de pedido de ayuda, ansiedad, hostilidad, y necesidad de amor. Con la menstruación esta tensión e irritabilidad cesan, pero la depresión toma su lugar y se mantiene hasta que el nivel de estrógeno se incrementa de nuevo.

Esta información provista anteriormente puede ser invalorable para una mujer que desee entender su propio cuerpo, y el impacto que éste puede causar en sus emociones. Aún más importante: ella puede tomar sus sentimientos con precaución y escepticismo durante su período pre-menstrual. Si puede tener presente que la desesperación y el sentido de indignidad, son inducidos hormonalmente, y no tienen que ver nada con la realidad, ella puede contrarrestar el descenso psicológico mucho más fácilmente. Podría tener una pequeña charla consigo misma cada mes, y decirse: «Aún cuando me sienta incapaz e inferior, me negaré a creerlo, sé que me siento distinta algunos días, pero es ridículo que esto me derrumbe. Pienso que el cielo se oscurece, pero es que lo estoy viendo a través de lentes distorsionados. Mi problema real es físico, no emocional, y lo superaré pronto. »

Por cierto, que las mujeres desean que sus esposos entiendan estos factores psicológicos que desempeñan un papel importante en el cuerpo femenino. Como nunca han tenido un período, es difícil para los hombres comprender la hinchazón, la pesadez que produce en su esposa, el acrecentamiento de su susceptibilidad e irritación, durante el período pre-menstrual.

Sería algo muy útil si un esposo puede aprender a anticipar el período menstrual de su esposa, reconociendo que posiblemente ella sufrirá algunos cambios emocionales. El deberá satisfacer su necesidad de afecto y de ternura, aún sabiendo que ella no estará disponible para la relación sexual por tres o cuatro días. Además deberá evitar discusiones sobre problemas financieros, u otros temas urticantes, hasta que la tormenta interior de su esposa haya pasado, y tratará de mantener la atmósfera de su hogar tranquila como sea posible. Si su esposa parece sumirse en la desesperación, él puede repetirle las palabras sugeridas anteriormente con el fin de lograr una auto-interpretación de la situación. En resumen, «el anhelo de amor» descrito por Natalie Sharness, sólo puede ser llenado por un esposo que simpatize y conozca a su mujer lo suficiente, como para soportarla durante este difícil período lleno de tension interior.

Nota adicional del autor.

Ya que este libro fue escrito en 1975, después de esa fecha, algunos investigadores han observado una aparente relación entre la terapia a base de estrógeno y el cáncer del útero. Sin embargo, éste y otros efectos potenciales del tratamiento hormonal, son temas de controversia dentro de los círculos médicos, y son debatidos vigorosamente desde ambos puntos de vista. Varias investigaciones se están llevando a cabo. Advierto esto, para que las mujeres con síntomas de menopausia, busquen y acepten el consejo de sus médicos.

James Dobson. Noviembre 1976.

Preguntas y respuestas

Pregunta. ¿Existe una «menopausia masculina» comparable a la que usted ha descrito en las mujeres?

Respuesta. Esta es una pregunta con fuertes sobretonos culturales que pueden nublar la verdad. Algunos miembros del movimiento de liberación femenina aparentemente temen que la menopausia pueda ser usada como una excusa para impedir el liderazgo de mujeres de edad mediana. Así ellas enfatizan la existencia de una «menopausia masculina», similar a la femenina. Aunque los hombres tienen una experiencia de climaterio que puede ser llamada menopausia, es muy distinta en su origen e impacto a la experiencia de las mujeres. En los hombres, los cambios no están tan relacionados con alteraciones hormonales, sino que son más psicológicos en su naturaleza. Es difícil para un hombre enfrentar el hecho de que él nunca alcanzará las metas laborales que se había fijado para sí mismo... Que la juventud se va yendo rápidamente... Que pronto perderá atractivo para el sexo opuesto... que sus sueños juveniles de gloria y de poder nunca se realizarán. Algunos hombres que han logrado menos de lo que esperaban se sienten defraudados por esos anhelos que la vida no les ha permitido cumplir. Esta es, básicamente, la menopausia masculina. Algunos individuos, reaccionan ante esto buscando una relación con una chica más joven para probar su virilidad. Otros trabajan más fuertemente para evitar lo inevitable; otros se

179

vuelven alcohólicos; y otros se sumergen en dramáticos períodos de depresión. Pero, aun cuando, el impacto emocional es grande, se basa en una evaluación que el hombre hace de su mundo exterior. Estas mismas influencias afectan a la mujer, pero ella tiene una subterránea corriente interior que socava su seguridad personal. Aunque algunas otras cosas son iguales, el problema femenino es más difícil de soportar, particularmente si no es tratado como conviene.

Pregunta. ¿Por qué algunas mujeres pueden pasar la menopausia sin administración externa de estrógeno?

Respuesta. Pienso que nadie puede responder esa pregunta. Porque nadie sabe con seguridad qué es lo que hace el estrógeno en el aparato neurológico femenino. Tal vez, los ovarios y las glándulas adrenales secreten suficiente estrógeno para satisfacer las necesidades de individuos menos vulnerables. En este punto el conocimiento acerca de la química del cerebro, y las sustancias necesarias para su correcto funcionamiento, son muy escasos. La guía para el tratamiento son los signos clínicos y los síntomas que los médicos observen.

Curiosamente, la hembra humana, es el único miembro del reino animal que sobrevive a su capacidad reproductiva. Todos los demás mueren cuando su habilidad procreativa ha terminado. (¿No le ayuda esto a su auto-estima?) Los veinte o treinta años adicionales que regularmente vive una mujer, pueden ser muy significativos y muy agradables, si su cuerpo funciona correctamente y es mantenido en la misma forma.

Pregunta. ¿Los período pre-menstruales, son iguales a la menopausia en sus características?

Respuesta. En el sentido de que el nivel de estrógeno se ve reducido durante ambos períodos, sí. Ya que la auto-estima tiene relación con el estrógeno —por ejemplo—, una mujer que experimente sentimientos de inferioridad, los sufrirá durante la menstruación y durante la menopausia. Aunque no tengo evidencias para respaldar esta hipótesis, pienso, que las mujeres que tienen grandes fluctuaciones emocionales durante sus períodos, probablemente necesitarán la terapia hormonal durante la menopausia. En otras palabras la necesidad del estrógeno y la vulnerabilidad ante su falta, se demuestra durante la juventud, y se confirma en los años maduros.

Pregunta. ¿Ya que la «píldora» se compone de estrógeno actualmente, las mujeres que la tomen, sufrirán fluctuaciones emocionales como las que usted ha descrito?

Respuesta. Depende de la clase de píldora recetada. Si el estrógeno y el progestin (progesterona sintética), son administrados simultáneamente por veinte días y entonces se cortan, el ánimo decaerá, y se presentará cierta ansiedad a través del mes. Sin embargo, si el estrógeno es administrado por quince días y el estrógeno progestin por cinco, la fluctuación de ánimos es muy similar a la de un ciclo normal sin «píldora». Su médico le puede proveer más información acerca de la píldora adecuada para usted, y sus consecuencias emocionales.

Pregunta. ¿Cuando mi esposa sufre de tensión premenstrual, no sólo se vuelve más irritable e inestable, sino que parece más enojada cuando yo trato de decirle que todo andará bien y que las cosas no están tan mal como paracen para ella. Cómo explicaría usted esto?

Respuesta. Usted tiene que aprender la misma lección que yo aprendí en mis tempranos años como consejero. Recuerdo una paciente en particular, que regularmente me llamaba al consultorio cada 28 días sin excepción. Estaba tremendamente deprimida y agitada, pero nunca parecía darse cuenta de que su desesperación estaba relacionada con su calendario hormonal.

Yo trataba de explicarle que las cosas no eran tan malas como ella pensaba, y que las podría ver mucho mejor dentro de pocos días. Para mi sorpresa, estos intentos de consolarla le causaban gran frustración, y hacían que ella tratara de probarme cuántas cosas horribles sucedían en su vida. Parecía sentirse casi insultada ante mi énfasis en lo positivo. Pero después, pensando acerca de su «empeño» me dí cuenta de que estaba cometiendo un error al tratar su caso. Por intentar darle respuestas fáciles a sus problemas, yo la estaba privando de lo que ella más necesitaba de mí. Ella no buscaba respuestas, sino que necesitaba tener la seguridad de que otro ser humano en el mundo, entendía lo que ella estaba enfrentando. Deseaba saber que yo comprendía cómo se sentía, pero mis positivas recomendaciones sólo la forzaban a probar que su sufrimiento era mucho peor de lo que yo pensaba.

Luego, cuando la mujer vino a verme, yo le ofrecí mi simpatía y comprensión, ayudándole a expresar sus frustraciones reprimidas. En esa ocasión no intenté otra cosa que proveerle una atmósfera de aceptación en la cual ella pudiera desahogarse. Y pudo llorar y lamentarse por 40 o 50 minutos, diciéndome que se hallaba sin ninguna esperanza. Sacaba el pañuelo, se sonaba la naríz y dijo finalmente: «Gracias por ayudarme, no sé lo que hubiera hecho sin sus palabras hoy, ahora me siento mucho mejor.» Todo lo que hice era hacerle saber que la comprendía. Eso fue suficiente. Sospecho que su esposa busca la misma seguridad. Y hay momentos en que todos desearíamos disfrutar de esa misma comprensión.

1. Gerald M. Knox, «When the Blues Really Get you Down» Better Homes and Gardens. January 1974, pa. 2. Usado con permiso.
2. Adaptated From Psycology Today, February 1972, p. 53. Usado con permiso.
3. Resprinted From Psycology Today, February 1972.

9
Problemas con los niños

La causa de depresión que ocupó el octavo lugar entre las mujeres que respondieron al cuestionario, fue la titulada: problemas con los niños. Es bueno recordar que la juventud de las personas entrevistadas indudablemente influyó para que esta causa estuviera en un nivel bajo. Si por el contrario la mayoría de las encuestadas hubieran sido madres de adolescentes, la ubicación hubiese subido unos puntos.

Yo he escrito dos libros especialmente para padres y maestros («Atrévase a practicar la disciplina» y «Buscar o esconder»), ambas en relación con el tema de este capítulo. Cientos de otros libros han sido escritos por diversos autores antes sobre el mismo tema. Resulta casi imposible presentar una enumeración enciclopédica de la gran cantidad de problemas a los cuales nos enfrentan nuestros chicos. Así que yo me limitaré a discutir algunos pocos aspectos acerca de la paternidad,

183

que son especialmente importantes para desempeñar el papel de padres.

El ejemplar de «Scientific American» de agosto de 1974, incluía un importante artículo titulado: «Los orígenes de la alienación», por Urie Bronfenbrenner. El citado doctor, es en mi opinión la más grande autoridad en desarrollo infantil, actualmente en norteamérica. Y sus puntos de vista deben ser considerados cuidadosamente. En su artículo el doctor Bronfenbrenner, trataba la situación de deterioro de la familia norteamericana, y las fuerzas que tendían a disolver su cohesión y unidad. Más específicamente, él se interesaba sobre las circunstancias que estaban socavando el papel paterno, y privando a los chicos de la guía y del amor que ellos necesitan para sobrevivir.

Uno de los problemas es el del conocido «desertor» (que ya hemos tratado en el capítulo de la «fatiga y la vida muy apresurada»). El doctor Bronfenbrenner, describió este asunto en la siguiente forma: «Las demandas de un trabajo que reclama hasta los minutos de comida, las noches y los fines de semana; los viajes y movilizaciones necesarias para sobresalir, o simplemente para mantenerse, el tiempo utilizado en cambios, las diversiones, las salidas, las reuniones sociales y las obligaciones de la comunidad... todo eso produce una situación en la cual a menudo, los niños pasan más tiempo con un extraño que los cuida, que con sus padres que les acompañen.»

De acuerdo al doctor mencionado, esta «deserción» es particularmente incompatible con las responsabilidades paternales, como se ha comprobado recientemente a través de una investigación, que condujo a sobrecogedoras conclusiones. Un equipo de investigadores deseaba saber cuánto tiempo pasaba un típico padre de clase media con su hijito de un año cada día. La respuesta que recibieron de los padres fue que pasaban aproximadamente de 15 a 25 minutos. Para verificar esta afirmación, los investigadores colocaron micrófonos en las camisas de los niños, con el propósito de grabar las palabras de sus padres. Los resultados del estudio son pasmosos: ¡El promedio de tiempo que un típico padre de la clase media pasa con su hijo diariamente, fue de 27 segundos! Su relación directa se limitó a dos encuentros diarios que duraron de 10 a 15 segundos cada uno. Esto, así hacen a la vida de los millones de niños de este país.

Por supuesto, estoy seguro que muchos padres no están representados por el estudio que he citado, pero ¿quién puede negar que el rápido ritmo de nuestras vidas interfiere con relaciones familiares realmente significativas? Los padres traban largas horas, día y noche, para poder mantener un cierto nivel de vida. Y cuando regresan al hogar vienen exhaustos, y no tienen energía para invertir en el trato con sus pequeños hijos. Y así es que las esposas cargan con toda la responsabilidad de la atención de los niños. Criar pequeños es una tarea tremenda, aun cuando el trabajo es encarado por dos personas. Y debe ser terrible si se lo enfrenta en un intento solitario. En primer lugar, esta forma de criar a los hijos es una fuente de culpabilidad. En ninguna forma que uno intente hacerlo es posible descargarse de tal responsabilidad. Los niños son tremendamente complicados y nadie tiene todas las respuestas al montón de problemas que pueden causar. Además, las dos personalidades, la masculina y la femenina, son necesarias para modelar el alma infantil. Cada miembro de la pareja hace su propia contribución al desarrollo de sus pequeñas mentes, y una madre sabe que ella sola no está preparada para cubrir ambos papeles. No hay duda de que criar chicos como una «madre soltera» (esté casada o no), es el trabajo más solitario del mundo.

¿Cómo se enfrentan las mujeres con este tipo de soledad? No también como podría parecer. Como primera cosa, las frustraciones que he descrito han llevado a los padres a querer esquivar su propia responsabilidad. Un ejemplar reciente de la revista «Esquire», incluía una serie de artículos titulados: «¿Odian los norteamericanos a sus niños?» El tema de la publicación me interesó, porque se refería a una tendencia social que yo también había observado. Acabamos de pasar por un período en que se prestó muchísima atención a los chicos. Donde el mundo entero giraba en torno de la próxima generación. Las madres de los niños de cinco y seis años gastaban todas sus energías para poder educarlos bien, vestirlos bien, alimentarlos bien y asegurarles la mejor atención médica. Pero ahora el péndulo, como todo péndulo, se ha ido al otro extremo. Y se nos presenta la otra cara del asunto. Actualmente como dice «Esquire», parece que muchas madres norteamericanas han decidido que la crianza de los chicos es una molestia y un sacrificio enorme. ¿Cómo puede una mujer dedicarse a sus propias cosas, cuando tiene que estar cambiando pañales y enfrentándose a la rutina diaria de las tareas domésticas en una especie de guardería infantil? Como resultado de este viraje radical en valores y actitudes, ahora no sólo se rechaza y se lastima a nuestros pequeños, sino que también se los odia. He sido testigo de algunas de estas decepciones hacia la paternidad en mi experiencia profesional. Una madre joven me dijo en una sesión de consulta: «Mis hijos se me agarran de las piernas y tratan de robarme todo el tiempo. Pero yo los pateo y les digo: ¡Ustedes no van a arruinar mi vida!»

Un voluminoso paquete de estadísticas parece confirmar la hipótesis propuesta por la revista «Esquire».

La muerte de niños de menos de un año de edad, ha crecido de 1957 a 1970 en casi un 51 %. Además hay entre dos y cuatro millones de casos por año, de niños apaleados, que han sido brutalmente golpeados, quemados, y hasta ahogados por los adultos. (Una madre le sacó los ojos a su hijito con una hoja de afeitar). Y más del 90 % de estos trágicos incidentes les ocurren a los niños en sus propios hogares que debían ser remansos de amor y de seguridad. Y como podía esperarse, las más severas lastimaduras fueron causadas por mujeres que estaban solas en sus hogares, un hecho que refleja la frutación y desesperación que experimentan las madres actualmente.

Uno de los pilares básicos de la filosofía del movimiento feminista, asegura que es imposible para una mujer sentirse realizada, mientras permanece en su casa y cría a los niños. Y esta afirmación parece haber encontrado un amplio consenso. Hemos dicho antes que la mitad de las madres norteamericanas trabajan fuera de sus casas. Mientras este porcentaje es mucho más alto que hace pocos años, el incremento más grande se ha notado entre las madres de los preescolares. *Una de cada tres madres, con niños menores de seis años, está empleada hoy.*

Esta estadística me perturba mucho más de lo que soy capaz de expresar con palabras. ¿Quién está en el hogar para cuidar a estos niños? ¿Quién toma el lugar de mamá? Cincuenta años atrás, en la mitad de las casas vivía otro adulto, pero ahora sólo en un 4 % sucede que conviva otra persona mayor aparte de los padres. No hay nadie más en el hogar.

Las mujeres modernas están luchando por convencerse a sí mismas que las guarderías estatales y los centros para el cuidado de niños ofrecen un sustituto conveniente al tradicional concepto de familia. Pero eso no resulta. Y no ha tenido éxito en aquellos países don-

187

de lo han intentado. Una vez más estoy de acuerdo con el Dr. Bronfenbrenner, que escribió: «Con el retiro de los soportes sociales a la familia, la situación de las mujeres y de las madres se ha tornado más y más incomunicada. Con la ruptura de la comunidad, el vecindario y la familia, la responsabilidad por el cuidado y educación de los chicos ha recaído sobre las madres jóvenes. *Ante estas circunstancias no debemos sorprendernos de que muchas mujeres jóvenes de Norteamérica, se hayan rebelado. Entiendo y comparto su rebeldía, pero temo las consecuencias de algunas de las soluciones que se han inventado, porque redundan en soledad para los niños que reciben mucho menos del cuidado y la atención que ellos necesitan.* (2)

Los niños no se pueden criar a sí mismos correctamente. Comprobé este hecho, por medio de una reciente conversación que tuve con un investigador psicológico que visitó el consultorio. El había hecho un estudio de la infancia de los reclusos en una prisión estatal de Arizona. El y sus ayudantes querían descubrir las características comunes que compartían los presos y que hubiesen podido ser las causas de su conducta antisocial. Inicialmente pensaron que la pobreza podría ser el problema común que entrelazaba la vida de tales hombres, pero los hallazgos contradijeron sus expectativas. Los prisioneros provenían de todos los niveles socio-económicos, aunque muchos de ellos pretendían excusar sus crímenes diciendo que habían sido pobres. En vez de esto, los investigadores descubrieron que los hombres compartían una característica común: la ausencia de la relación con adultos en sus primeros años infantiles. Como niños, pasaron más tiempo en compañía de otros pequeños, y muchos de ellos completamente solos. Tal fue la infancia de Lee Harvey Oswald, Charles Manson, y otros que luego cometieron crímenes en su vida adulta. La conclusión es ineludible: no existe ningún sustituto para la amante guía de los padres, en el temprano desarrollo de los hijos.

¿Puedo hacer un llamado a los esposos y padres, al concluir este punto? Aunque hablaré lisa y llanamente, no intento ofender a mis lectores masculinos: Si usted desea que su esposa acepte la responsabilidad de la maternidad y todo lo que ella implica, entonces usted debe apoyarla con todo su aliento y su colaboración. Tiene que escucharla cuando ella ha tenido un día especialmente difícil con los chicos y ofrecer sugerencias y alternativas; debe ayudarla con la disciplina, educación y guía de los niños; debe conocer sus necesidades emocionales y románticas, esas necesidades que ella va acumulando cuando usted está ausente. Además debe satisfacer la necesidad que experimentan los niños de ser llevados a pasear por lo menos una vez a la semana, y lo que es más importante, debe reservar algo de su tiempo para la familia. Resulta fácil para un hombre invertir seis o siete días en su trabajo, porque él ama lo que hace. Sus necesidades personales, su «ego», encuentra satisfacción a través de lo que él hace, cuando se obliga a sí mismo a trabajar 14 horas por día. Pero cuando esto ocurre, se dan como reacción una serie de consecuencias tremendamente desgarradoras, para aquellos que dependen de tal hombre.

Un libro reciente que trata el tema de la familia, está basado en la tesis de que la madre traza las pautas fundamentales de su hogar. En definitiva, la felicidad de cada miembro de la familia, dice el autor, depende de cómo haga ella su trabajo y de la calidez que ella comunique. Aunque no desconozco el papel desempeñado por una madre, yo creo que una familia exitosa, comienza no con ella, sino con su marido. Si una mujer precisa tener la tranquilidad y autosatisfacción necesarias para producir una familia feliz, es imprescindible que cuente con el apoyo constante y el respeto del hombre a quien ella ama.

Preguntas y respuestas

Pregunta. Usted ha hablado fuertemente en contra de las guarderías infantiles. ¿Se opone usted a la idea de un preescolar, o de un «jardín de infantes» también? ¿Cuál es la diferencia que existe entre ellos?

Respuesta. Su pregunta es importante, y me permitirá dejar en claro mi opinión al respecto. El concepto de «preescolar» o de «jardín de infantes» es muy distinto al de «guardería». El programa de un jardín de infantes puede ser muy beneficioso para un niño, particularmente en el área del aprendizaje de la socialización y de ciertas habilidades. El niño es enseñado a compartir sus juguetes, a obedecer órdenes, a participar en un grupo, y algunos elementos rudimentarios de instrucción educativa. Mi propio hijo participa de un programa como éste, cerca de nuestra casa, y ha sido una experiencia muy provechosa para él. Hay diferencias, entre esta clase de actividades, que yo veo como muy productivas, y las guarderías, que considero destructivas. Primero, el tiempo que el niño pasa en una escuela es algo muy importante, y debe ser una variable para tomar en cuenta. El hijo de tres años, de una madre que trabaja afuera tiempo completo, debe estar ausente de su hogar de 45 a 50 horas semanales (contabilizando las horas de almuerzo de la madre, y considerando días laborales de ocho horas). Yo no desearía ver a un niño de tres años en la escuela más de tres días, y considerando días laborales de ocho horas). Yo no desearía ver a un niño de tres años en la escuela más de tres días a la semana, e idealmente sólo dos.

Segundo: el preescolar, para niños cuyas madres no son empleadas, las libera para poder compartir un rato con los adultos, hacer compras, practicar un deporte, o cualquier otra forma de recreación, y les da tiempo para ocuparse en estos asuntos.

Le alivia su carga por algunos momentos, y la aleja de la constante supervisión que tiene que ejercer sobre ellos.

Una guardería infantil, por el otro lado, se utiliza para la madre que trabaja, lo cual significa que ella estará cansada cuando pase a retirar a su hijo. Tercero, ningún preescolar ni jardín de infantes, recibe niños menores de tres años, mientras que una guardería sí. En mi opinión cualquier cosa que pretenda sustituir los brazos de la madre de un niño de menos de tres años de edad, debe ser mirado con mucha sospecha. Reconozco que me encuentro prácticamente sólo, al hacer este énfasis, pero eso solamente demuestra que estoy en lo correcto, y no en el error. No sería honesto conmigo mismo si no expreso mis convicciones.

Pregunta. ¿No es cierto que la *calidad* del tiempo que una madre pasa con su hijo es más importante que la *cantidad*?

Respuesta. Esa es una afirmación muy citada que sirve para tranquilizar las conciencias, y los sentimientos de culpa de aquellos padres que no están mucho tiempo en el hogar. Mientras que tal aseción es cierta (un tiempo corto pero con una relación llena de significado, es mucho mejor que un largo período con menos interacción), no creo que tenga mucha importancia para «el gran debate» acerca de las madres que trabajan. ¿Quién dice que el tiempo de una madre que trabaja, cuando llega la noche es de más calidad, que el de una que ha permanecido todo el día en su hogar? El cansancio de la que ha trabajado afuera, podría hacer que las cosas fueran al contrario. No estamos obligados bajo ninguna forma a elegir entre estas opciones muy convenientes: Démosle a nuestros hijos ambas cosas: Calidad y cantidad.

Pregunta. ¿Qué opina usted de las madres que ya tienen niños en la escuela, y que están empleadas?

Respuesta. Mi opinión es mucho más favorable, aunque creo que la vida familiar se desarrollará en forma más grata y saludable si la madre no trabaja el tiempo completo. El factor clave sería tratar de estar en el hogar cuando los chicos regresen de la escuela.

Pregunta. ¿Puede usted recomendar algunos buenos libros para aquellos de nosotros que deseamos aprender a ser más eficientes como padres de familia?

Respuesta. Primero, yo le sugeriría que lea «Father Power» («El poder del padre») de Henry Biller y Dennis Meredit. (3) Refuerza las opiniones que he expresado acerca de la gran importancia de la paternidad, y ofrece algunas sugerencias para alcanzar un mejor rendimiento en tales esfuerzos. Segundo, usted puede leer «How to Father» («Cómo ser padre») de James Fitzhugh Dodson. (4) (Con frecuencia se nos confunde al Dr. Dodson y a mí. Yo fui presentado como el «doctor Dodson» durante un programa de televisión, y hasta ahora ambos estamos tratando de aclarar tal confusión. Usted podría ayudarnos a decírselo a todo el mundo. Somos dos personas muy diferentes.)

Pregunta. ¿Qué respondería usted a aquellos que dicen que ser madre y ama de casa, es una labor muy aburrida?

Respuesta. Les diría que tienen razón, pero deberíamos reconocer que prácticamente cualquier otra ocupación también puede tornarse aburrida. ¿Qué divertido puede ser el trabajo de un telefonista que se pasa el día estableciendo comunicaciones? ¿O el de un médico patólogo que examina muestras microscópicas de la mañana a la noche? ¿O el de un dentista que todo el día está perforando y llenando, perforando y llenando? ¿O el de un autor que escribe página tras página, y así sucesivamente? Muy poca gente experimenta situaciones excitantes en todo momento de su vida profesional. En un viaje a Washington la semana pasada, el cuarto del hotel en que me alojé se encontraba cerca de la habitación de un famoso cellista, que había venido a la ciudad a dar un concierto especial esa noche. Lo pude escuchar a través de las paredes, practicar hora tras hora. Y no tocaba hermosas sinfonías, sino que repetía escalas y ejercicios, una y otra, y otra vez. Empezó a practicar en la mañana temprano (créamelo), y siguió hasta momentos antes del concierto. Cuando entrase al escenario esa noche, estoy seguro que muchos individuos en la audiencia pensarían dentro de sí: «¡Qué vida regalada! ¡Qué lujo!» Pero yo sabía que él había pasado todo el día en el solitario cuarto del hotel en compañía de su cello. Y como usted debe saberlo, los instrumentos musicales son excelentes conservadores. No. Dudo que el trabajo de ama de casa y madre sea mucho más aburrido que cualquier otro trabajo, particularmente si la mujer se niega a prescindir de la compañía de otros adultos. Pero si nos interesa la importancia del papel, ningún otro trabajo puede igualarse a la responsabilidad de plasmar y moldear a un nuevo ser humano.

Y puedo decirle a las madres una consideración importante: no siempre usted se verá acosada con la responsabilidad que ahora tiene. Sus niños crecerán con la responsabilidad que ahora tiene. Sus niños crecerán y se irán dentro de pocos años, y las obligaciones que ahora soporta usted, pasarán a ser nada más que borrosos recuerdos. Disfrute de cada momento en estos días, aun de los momentos difíciles, y felicítese a sí misma por la satisfacción de estar haciendo bien, un trabajo muy importante.

Pregunta. ¿Qué piensa usted acerca de un hombre que comparta los trabajos domésticos y ayude a cocinar en la casa?

Respuesta. Mi opinión en esta materia, no me ganará un gran número de amigas dentro del mundo femenino, pero no veo bien que un hombre que ha estado trabajando todo el día, sea *obligado* a confrontarse con las responsabilidades de su esposa, cuando regresa al hogar. (Presumiendo que ella no tiene otro empleo afuera). Conozco mujeres que tienen acobardados a sus maridos, como perritos falderos, y que los ponen a cocinar y a lavar los platos todos los días del año. Este no es el compromiso del cual yo hablaba en los capítulos anteriores, aunque puede haber ocasiones en que un esposo amable quiera ayudar a su mujer a salir adelante. Personalmente, yo ayudo cuando pienso que mi esposa me está pidiendo que responda al llamado del deber. Pero me gusta ayudarla *voluntariamente,* y lo hago muy a menudo.

Y no incluí el trato con los chicos en la división del trabajo mencionado arriba, porque la crianza de los niños no es labor para las madres solamente. Niños y chicas necesitan tanto al padre como a la madre, y por cierto que no considero el tiempo que gasto con mi hijo, como un favor que le estoy haciendo a mi esposa. Cada noche, cuando vuelvo al hogar, supervigilo sus preparativos para irse a la cama. Lavándole los dientes, bañándolos, poniéndole el pijama a Ryan, orando con ellos, y alcanzándoles seis vasos de agua a cada uno. Cuando Ryan usaba pañales, yo inventé un juego con los alfileres para cada noche. «Le hablaba a los alfileres», y les decía que no lo pincharan a través de los pañales. «Por favor, no pinchen a Ryan, él no es un mal chico. No se la pasa molestando todo el día, y creo que ustedes deben ser buenos con él.» Y desde entonces hasta ahora, cuando Ryan se retuerce y se porta mal al ponerle los pañales, yo dejo que algún alfiler le pinche la piel. Me mira y me dice: «¡Por favor, papá, dile a los alfileres que no me lastimen!» Entonces, yo los regaño, y les prevengo acerca de nuevas incursiones de esta clase. Ryan nunca parece haberse cansado de este juego, y cada noche me insiste para que yo le hable a los alfileres. Los niños aman los juegos repetitivos, y esta clase de creativas experiencias, puede tornar una tarea doméstica, en un agradable momento de gozo juntos.

Pregunta. ¿Es el divorcio realmente tan destructivo para los niños como se nos ha hecho creer?

Respuesta. Los niños son tremendamente receptivos, y reciben y acumulan toda clase de crisis y de traumas. Mucho depende por supuesto, de qué clase de conflictos hayan presenciado y de la manera cómo los enfrenta la persona bajo cuya custodia hayan quedado. Generalmente hablando, sin embargo, el divorcio es una experiencia terrible y difícil para los chicos que se encuentran envueltos en medio de ella.

El cómico Jonathan Winters apareció como invitado en un programa de televisión. El moderador le preguntó a Mr. Winters si podía describir sus más remotos años infantiles. Y el cómico comenzó a hablar de una manera seria y desusada en él. Contó la desintegración de su familia cuando él tenía siete años, y cuán profundamente lo lastimó aquel divorcio. Dijo que los otros niños se reían y burlaban de él, porque no tenía un padre, y entonces reaccionaba con ira. Golpeaba a sus ofensores, y les daba puñetazos en la cara, pero cuando no lo veían se iba detrás de un árbol o de un edificio y allí lloraba. Mr. Winters dijo que más tarde había aprendido a reírse a pesar del problema, pero admitió que todo su humor de adulto era una respuesta a esta profunda tristeza.

Los niños de hogares rotos, generalmente aprenden a enfrentar su situación en una forma u otra, pero el impacto que les causa nunca podrá ser olvidado.

Pregunta. ¿Me podría dar algunas instrucciones específicas que me sirvan para criar a mi hijo recién nacido durante los próximos dos o tres años? Sé que hay muchos libros sobre el tema, pero desearía aprender las pautas generales.

Respuesta. Investigadores del departamento de desarrollo humano de la Universidad de Harvard han confeccionado una lista de instrucciones que puede serle útil. Han señalado nueve cosas que «debe hacer» y trece que «no debe hacer».

De acuerdo a los investigadores, el niño debe gozar de libre acceso, a donde sea posible dentro del hogar. Esa libertad le proveerá la máxima oportunidad para ejercitar su curiosidad y explorar el mundo. Pero ese mundo debe ser seguro y adecuado. Los buenos libros, y los artículos costosos, deben estar ubicados en lugares altos. Por el contrario, las revistas viejas, y lo que pueda servir para jugar, deben permanecer a su alcance. Hay que desocupar las gavetas bajas de cosas peligrosas o de objetos cortantes.

El grupo también recomienda que las madres estén atentas a los pasos del niño, por lo menos la mitad del tiempo que éste se encuentra libre. Esto no significa que deben estar encima de ellos, pero sí estar prontas a prestar la atención necesaria, el apoyo o la asistencia requerida. Cuando el niño necesita la atención materna ella debe:

1. Responder tan pronto y tan positivamente como sea posible.

2. Esforzarse por entender lo que el niño está tratando de hacer.

3. Poner límites, y no ceder en un pedido irrazonable.

4. Alentar, entusiasmar, y asistir en todo lo que sea posible y en el momento adecuado.

5. Hablarle al niño tan a menudo como sea posible.

6.. Usar palabras que él entienda, pero ir añadiendo algunas nuevas.

7. Usar palabras que permitan al niño ir relacionando ideas. Por ejemplo, si el niño muestra una pelota, decirle: «Tráeme la pelota».

8. Utilizar todo el tiempo que sea necesario en la situación, aun si fuere sólo unos pocos segundos.

Hay otras ocasiones cuando la madre deberá ser la que inicie la interacción con el niño. Si él está aburrido, ella podría darle cosas para hacer. Y cuando se porte mal, la madre deberá disciplinarlo firme y coherentemente. Si él desea hacer algo que puede ser peligroso, como trepar escaleras, la madre deberá cuidarlo y supervisar la actividad más que impedir que la realice.

Los investigadores también incluyen en la lista las cosas que una madre debe evitar hacer:

1. No encierre al chico por largo tiempo.

2. No permita que concentre tanto su atención en usted, hasta el punto de que invierta más tiempo siguiéndola, o estando cerca suyo, especialmente durante su segundo año de vida.

3. No olvide que el niño tratará de ganar su atención a partir del primer berrido que lance.

4. No trate de ganar todas las discusiones con un niño, especialmente en su segundo año, cuando se encuentra en una etapa negativa.

5. No tema que su nene dejará de amarla si usted le dice «no» de vez en cuando.

6. No lo reprenda si le desordena la casa. Ese es un inevitable signo de salud y de curiosidad en los niños.

7. No lo sobreproteja.

8. No le imponga su poder. Déjelo hacer lo que quiera, en la medida de que esté seguro.

9. No acepte un trabajo de tiempo completo, o cualquier otra actividad que le reste tiempo disponible para estar con el niño durante este período de la vida.

10. No permita que su niño se aburra, si usted puede evitarlo.

11. No se preocupe acerca de cuándo va a aprender a leer, contar, decir el alfabeto, etc. Ni siquiera se preocupe si es lento para hablar. Ya aprenderá más y más del lenguaje conforme vaya creciendo.

12. No trate de forzarlo para que adquiera un ritmo en sus necesidades fisiológicas. Cuando tenga dos o más años, entonces le será más fácil.

13. No le tolere todo, ni malcríe a su hijo. El puede pensar que el mundo entero debe estar a su servicio. (5)

1. Urie Bronfenbrenner «The origins of Alienation» Scientific American. August 1974. p. 54. Citado con permiso.
2. Ibid., pp. 57.
3. Published by David McKay, New York.
4. Published by Nash Publications, Los Angeles.
5. Martin Cohen, «A Warnin To conscientious Mothers» Today's Health. February 1974. Usado con permiso.

10
Unas palabras sobre el paso de los años

Nota: La causa señalada en noveno lugar como fuente de depresión fue los problemas con parientes. Este tema lo discutiremos brevemente en el último capítulo. Primero trataremos la causa ubicada en décimo lugar: El envejecimiento.

Hace varios meses paseábamos en el auto cerca de casa con mis hijos y un pequeño amiguito de Ryan que tiene tres años de edad, llamado Kevin. Cuando doblamos una esquina vimos a un viejo tan rengo y encorvado que apenas podía caminar. Hablamos acerca de cómo debía sentirse tal hombre, y le dije a los niños que ellos también llegarían a viejos algún día. La punzante noticia fue especialmente dura para Kevin, y él se negó a aceptarla.

Yo no voy a volverme viejo —me espetó, como sintiéndose insultado por mi predicción.

—Sí, Kevin, te vas a volver —le dije—. Todos creceremos y nos volveremos viejos, si vivimos mucho tiempo. Es algo que les pasa a todos.

Sus ojos se agrandaron y protestó nuevamente:

—¡Pero a mí no me va a suceder!

Nuevamente le aseguré que nadie escaparía a tal hecho.

Kevin guardó silencio por 15 o 20 segundos y entonces contestó con una nota de pánico en su voz:

—Pero yo no me quiero volver viejo, yo quiero permanecer bueno y sano.

Yo le respondí:

—Sí, ya lo sé, Kevin, ya lo sé.

La imposibilidad de permanecer «buenas y sanas», produce la décima fuente de depresión en las mujeres entrevistadas. Por supuesto, la juventud de las encuestadas influyó para que este punto ocupara un lugar bajo en la escala. Estoy seguro que ascenderá unos cuantos lugares más, dentro de pocos años. Hay algo desagradable cuando uno nota que, día tras día, se está envejeciendo, y que esto en sí mismo, es una fatal enfermedad. ¡Ninguno de nosotros quiere abandonar este mundo!

Escuché una historia acerca de tres mujeres ancianas que estaban sentadas a la puerta de su casa charlando: Una de ellas dijo: «Ustedes saben que no puedo oír muy bien, pero pienso que es lo mejor para mí, la verdad es que no hay muchas cosas que yo desee oír.»

La segunda mujer dijo: «Sí, a mí me pasa lo mismo con los ojos. Hay muchas cosas nubladas y borrosas para mí ahora, pero no me preocupo. Yo ví todo lo que quería ver cuando era joven».

La tercera mujer pensó por un momento y dijo:

«Bueno, conmigo no pasa eso. Yo ya me he adaptado al fracaso...»

Podremos reírnos de estas experiencias que son inevitables para todos aquellos que tienen larga vida. (Sucede con frecuencia, que tan pronto la cara termina de limpiarse de la adolescencia, la mente comienza a oxidarse por la vejez.)

Pero siento una especial simpatía por aquellos que deben enfrentar la soledad y la incomunicación de la vejez. Psicológicamente hay señales predecibles que son típicas del proceso de envejecimiento, comenzando desde el mal funcionamiento del aparato sensorial. Primero, la capacidad para ver, oír, sentir, tocar y oler, comienza a deteriorarse. Luego, el sistema cardiovascular comienza a perder eficiencia, y los músculos y coyunturas ya no funcionan como antes. Esta es una etapa muy difícil pues la mente se siente atrapada por un cuerpo que empieza a fallar y que no le sirve más. Finalmente, como última etapa del envejecimiento normal de un cuerpo, las neuronas empiezan a romperse en el cerebro y la senilidad le roba a la mente su capacidad de razonar.

Oliver Wendell Holmes, ha compuesto el mejor análisis de la vejez en un poema que yo he admirado desde la juventud. La poesía describe a un hombre anciano, que ha sobrevivido a todos sus amigos, y a quienes le amaron, y ahora cuelga de un viejo árbol, en una de sus ramas, como «La última hoja del árbol»:

> Le vi mucho tiempo atrás
> cruzar por una puerta,
> y ahora nuevamente
> las piedras de la calle resuenan
> cuando él, vacilante, camina sobre ellas
> acompañado de su perro.

La gente dice que en la flor de su vida,
antes que el filo del tiempo
lo derrumbara
no podía encontrarse hombre mejor
que Dios hubiese creado,
a su alrededor en medio del pueblo.

Pero ahora recorre las calles
y todos lo que le ven, lo encuentran
triste y pálido
moviendo la débil cabeza
como si estuviese diciendo
«Ellos ya se fueron».

El blanco mármol descansa
sobre labios que él escuchó
en sus tiempos de plenitud.
Y aquellos nombres que amaba escuchar
han sido grabados hace años
sobre la tumba.

Mi abuela me decía:
—Pobre dama antigua que ha
muerto hace mucho,—
que él tenía una nariz romana
y que sus mejillas parecían
rosas sobre la nieve.

Pero ahora su nariz es descarnada
y semeja un cayado
sobre la barba.
Su espalda está encorvada
y aflora una cierta melancolía
en su risa.

Sé que cometo un pecado
al reírme de él,

que parece un árbol viejo
con un sombrero de copa
y con extraños y raídos
pantalones.

Porque si yo sobrevivo
para ser la última hoja sobre el árbol
cuando llegue la primavera,
otros se reirán de mí
como ahora me río de esta
vieja rama quebrada a la
cual también estoy asido.

Aquel viejo misterioso no es la única hoja que cuelga de la rama quebrada de un árbol. Hay otros árboles en otros lugares. No he podido olvidar un programa de televisión transmitido en Los Anglees, que trataba el tema de la vejez. Fue uno de esos infrecuentes documentales que siempre permancen en la memoria de aquellos que lo vieron. El personaje, la media hora de programa, fue una vieja mujer de 88 años, llamada Elizabeth Holt Hartford. Vivía en una pequeña pieza de un decrépito hotel de los barrios bajos de la ciudad. La película partía de la buena situación en que se encontraba Miss Hartford, para dramatizar su derrumbe en la pobreza inesperada, y tener que irse a vivir entre los viejos enfermos y pobres que habitan la parte central de Los Angeles. A pesar de estar arrugada y curvada por el tiempo, miss Hartford se conservaba lúcida y elocuente. Sus palabras aún resuenan en mis oídos como cuando las escuché por vez primera: «Ustedes me ven como una vieja. Pero yo deseo decirles algo. Yo estoy aquí adentro. No he cambiado nada. Estoy aprisionada dentro de este viejo cuerpo y no puedo dejarlo. Me lastima, impide que yo me mueva rápido, y me hace cansar pronto cuando intento hacer algo. Pero mi personalidad real no es la que ustedes ven. Está aprisionada dentro de este cuerpo que se deteriora».

Elizabeth Holt Hartford no estuvo prisionera mucho tiempo. Murió unos pocos meses después. Quemaron su cuerpo y esparcieron las cenizas entre las rosas que florecían cerca del sórdido hotelucho.

Debo compartir una opinión general al llegar a este punto. Aparte de la esperanza de la vida eterna, más allá de la tumba, la vejez ofrece pocas compensaciones y consuelos. A menudo es una experiencia triste, donde hay que enfrentar la soledad, la enfermedad, la pobreza y la subestimación. Pretender afirmar otra cosa es negar la realidad que existe detrás de la puerta de un hogar de ancianos. La muerte nunca parece llegar en el momento adecuado: a unos se los lleva demasiado pronto, y con otros tarda demasiado en llegar. Sin embargo, para aquellos dichosos cristanos que descansan en la seguridad de que más allá de la tumba les espera un mundo nuevo y mejor, la ansiedad y el pesimismo dejan lugar a una expectante esperanza. El último latido del corazón no es el final de la vida; es el gran comienzo de ella. Y espero ser uno de estos viejos confiados en tal seguridad, si sobrevivo hasta la edad madura.

Mi padre siempre ha tenido una enorme influencia sobre mí, no sólo durante la infancia, sino también en mis tiempos de adulto. Me dijo recientemente que la vida eterna no era cosa de gran valor para él, cuando permanecía joven. El había disfrutado de su juventud, y la idea de una existencia más allá de la muerte, se le asemejaba a una perla incrustada con escamas y escoria. La perla era hermosa, pero no lo parecía, y resultaba difícil darse cuenta de su belleza. Pero ahora que ha llegado a la madurez, y ha comenzado a experimentar algunos de los inconvenientes de la vejez, entre ellos un ataque al corazón y otra serie de dolencias, aquella escama y toda la escoria que tenía la perla, han ido desapareciendo una tras otra, y ahora brilla en plenitud, con un valor inigualable en el puño mismo de mi padre.

Para concluir, retornemos a la relación entre hombres y mujeres, en lo que tiene que ver referente a la vejez. ¿Qué es lo que más desea una mujer de su esposo a los 50, 60 o 70 años de vida? Simplemente quiere gozar de la misma seguridad en cuanto su amor y su respeto, que deseaba cuando eran más jóvenes. Esta es la belleza del amor comprometido, que se mantiene a lo largo de la vida. Un hombre y una mujer enfrentan como amigos y como aliados, las buenas y las malas épocas. Por contraste, aquella juventud que invoca «la libertad sexual», llegarán a los últimos años de su vida sin nada que recordar, aparte de una serie de relaciones de mutua explotación y rupturas desgarradoras. Esta mediocre filosofía que hoy obtiene tanta publicidad, tiene su muerte final asegurada a través del camino. El amor comprometido es costoso, lo admito, pero reditúa los intereses más altos a lo largo de la vida, y cuando llega la vejez.

11
La última Palabra

Winston Churchill dijo: «Escribir un libro es una aventura. Cuando comenzamos, parece un pequeño juguete, y un buen pasatiempo. Más adelante, se va volviendo nuestro dueño, se va convirtiendo en un amo, y termina siendo un tirano. El último paso se da, cuando usted, para poder reconciliarse con su esclavitud, se levanta, mata al monstruo, y se lo arroja al público».

Yo he avanzado a través de cada una de las etapas que mencionó Churchill, mientras escribía este libro, y ahora estoy listo para tirar al monstruo muerto al mercado nacional de libros. Pero hay un mensaje que quiero transmitir para que sea entendido, específicamente, por mis lectores femeninos. Nuestro propósito hasta ahora, ha sido tratar de explicar la situación de las esposas a sus maridos, queriendo expresar algunas de sus necesidades y frustraciones, que a menudo son difíciles de verbalizar. En este capítulo final sin embargo, quiero dirigirme directamente a las mujeres con una palabra de advertencia acerca de la manera para lograr mantener un saludable balance emocional, en presencia de circunstancias deprimentes.

Cuando empecé a trabajar en el consultorio del hospital en 1966, observé a un hombre simpático que invariablemente permanecía en la ventana de una vieja casa de departamentos ubicada enfrente del lugar donde los médicos estacionan sus autos. Mañana tras mañana, este hombre a quien yo le calculaba unos cuarenta años de edad, aparecía en la misma ventana abierta. No sólo estaba cuando yo llegaba al hospital, sino también cuando salía de allí para volver a casa. Comencé a sonreírle y saludarlo cuando lo veía, y él a su vez respondía a mis gestos amistosos. Supongo que parecerá raro establecer un cierto compañerismo, en ausencia del conocimiento personal, o de tan siquiera una sola conversación.

Finalmente, mi curiosidad me llevó a querer establecer una comunicación más amplia con tal hombre, más allá de la simple sonrisa cotidiana. Así que una vez salí del hospital, me dirigí al edificio de departamentos, ascendí la escalera, y toqué la puerta. El hombre de la ventana la abrió, se presentó con el nombre de Tomás, me invitó a seguir adelante, y durante la hora siguiente me contó su historia. Había sido un brillante ejecutivo hasta hace seis años, cuando una trombosis coronaria lo había afectado. El asunto se complicó con un enfisema al corazón, y con otros malestares físicos. Así que le prohibieron desarrollar cualquier clase de trabajo.

Observé que su mano derecha estaba casi paralizada. Tomás me dijo que en muy raras ocasiones alguien le visitaba en su departamento. No estaba casado y tampoco tenía muchos amigos íntimos. Su estado físico le obligaba prácticamente a estar confinado en la soledad del pequeño departamento, y salía muy poco.

La parte hermosa de la historia de Tomás es la

forma cómo él decidió enfrentarse con su tragedia personal. Tenía muchas razones para encontrarse deprimido y desanimado, pero por el contrario, transmitía confianza y optimismo. Había decidido que conseguiría amigos entre las muchas personas que iban y venían de sus trabajos, y en esto se basaba toda su vida social.

Le dije: «¿Tomás, puedo hacer algo por usted? ¿Necesita algo? ¿En qué forma le puedo ayudar?

El me contestó: «Gracias amigo, agradezco su ofrecimiento. Pero me las arreglo bien. Realmente no necesito nada.»

No hubo ni una pizca de auto-conmiseración personal en ningún momento de nuestra conversación, y resueltamente evitó la posibilidad de que yo tratara como a un inválido. Su sola perspectiva de la vida, surgió en respuesta a mi pregunta: «¿No se siente desanimado con su propio estado?»

Tomás contestó: «Bueno, en la mañana cuando todos vienen a trabajar, yo me gozo saludándoles al comenzar un nuevo día. Y cuando vuelven a sus hogares en la tarde, les digo adiós y entonces siento un poco de tristeza.» Y esto fue lo único negativo que le escuché decir. Tomás se había acostumbrado a aceptar la vida así como era.

Por algo más de quince años, Tomás había permanecido en su puesto de observación sobre el tráfico de la calle, y nos hicimos buenos amigos. Una vez, yo estacioné el auto cerca de la ventana, un día 3 de enero, y lo saludé luego de las breves vacaciones navideñas. Sin detenerme a pensarlo, le lancé las tradicionales palabras con las que los amigos se saludan al comenzar el año nuevo: «¿Ha tenido unas buenas fiestas?»

«Sí, fueron agradables» —me contestó Tomás.

Más tarde supe que había pasado todas las fiestas

de Navidad y Año Nuevo en la soledad de su cuarto, observando desde arriba a los cansados vendedores, y a la gente que pasaba por allí.

Unas pocas semanas después, Tomás no apareció en su lugar habitual de la ventana. Al día siguiente tampoco estaba, y las persianas permanecían cerradas. Le pregunté al hombre que atiende el patio de estacionamiento, y me dijo que Tomás había muerto de un colapso el pasado fin de semana.

Mi amigo se había ido. Ya había sido enterrado, y dudo si alguien asistió a su funeral. Ahora, cada vez que paso frente al viejo edificio de departamentos, me parece oír a Tomás diciendo las últimas palabras que le escuché: «Sí, fueron agradables.»

El énfasis que quiero hacer al relatar la historia de Tomás, es que la depresión a veces es una cuestión de simple perspectiva. Todo depende de cómo uno mire el asunto. Vi a una pareja ganarse 3.000 dólares en efectivo en un programa de televisión. Sin embargo, parece que se fueron a su casa enfermos, porque querían ganarse un automóvil que valía 12.000 dólares. Si un millonario los hubiese parado en la calle y les hubiese regalado los 3.000, se habrían ido supercontentos. Pero se fueron desanimados porque sabían que hubiesen podido ganar más. Todo es cuestión de perspectiva.

Un pequeño aviso aparecido en la revista «Mc. Call's», ofrecía un maravilloso producto que era capaz de hacer desaparecer «esas horribles estrías» que salen en las piernas de las mujeres. Y transcribe las tristes palabras de una joven madre que habló desde el fondo de su corazón: «Yo tengo dos niños, pero me siento muy infeliz con las estrías que me marcan las piernas, el busto, y todo el cuerpo. Me hacen sentir vergüenza que la gente me vea en traje de baño, o con pantalones cortos.» Es perfectamente posible que esta joven mujer sea madre de dos niños saludables, tenga un esposo bueno y amoroso, y aparentemente conserva la plenitud de su juventud y vitalidad. Y todas esas cosas importantes pueden andar muy bien, pero ella se siente «infeliz y avergonzada» porque no es perfecta. Su problema es un problema de perspectiva. Una pequeña falla, es capaz de influir en su ánimo, en forma dominante. ¡Y no se imagina qué tan placentero resulta para su esposo y para sus hijos, volver cada tarde al hogar donde ella reina!

Sé que la vida puede ser dura y amarga, y no quiero parecer trágico al recordar las circunstancias que pueden afectar adversamente nuestro propio estado de ánimo. Pero puede ayudar mucho a algunas lectoras reconocer, que a veces nosotros *permitimos* que tales situaciones nos depriman. Consideremos un ejemplo acerca de los conflictos con parientes cercanos (que fue señalado como la novena fuente de depresión en las mujeres entrevistadas). Una esposa puede decidir cómo va a reaccionar ante una suegra superpositiva e irritante: puede llorar, gritar, crujir los dientes, y todos esos conflictos la llevarán a una úlcera estomacal. O puede ver el asunto desde una perspectiva más tranquila y menos angustiante. Aunque parezca un poco tonto, imaginemos una mujer que tenga suegros amantes, respetuosos y agradables, pero que uno de sus hijos esté internado en el hospital enfermo de leucemia. Supongamos que mágicamente alguien le ofrezca la salud de su hijo enfermo a cambio de tener que soportar una suegra odiosa. Aceptará gustosísima el cambio, y estará eternamente agradecida por el milagro. Todo es cuestión de perspectiva. Determinada completamente por la forma como uno enfoque el problema.

Una buena amiga mía, a quien llamaremos Marta, tiene un padre que jamás mostró ni una pizca de amor por ella. Aunque mi amiga ha crecido, y ahora tiene dos hijos propios, sigue esperando que su padre llegue a ser lo que nunca fue. Esta expectación le ha traído a Marta muchas decepciones y frustraciones. Cuando su pequeño hijo fue incapaz de sobrevivir mucho más allá de la primera semana de vida, el insensible padre de Marta ni siquiera se apareció en el funeral de su nietito. Este hombre muestra el mínimo interés en Marta y en su familia, lo que le ha causado a ésta profundas heridas a través de los años.

Luego de recibir una carta de Marta donde me contaba el último desaire de su padre (no quiso venir a la boda de su propio hijo), yo le contesté con algunas sugerencias al respecto. Recibió mucha ayuda de lo que escribí y me contestó diciendo que había compartido la carta con otras tres mujeres que sufrían de frustraciones similares en referencia a seres amados que les habían «fallado». Finalmente me envió una copia de mi propia carta, y pidió que fuese incluida en algún libro de esta naturaleza. La transcribo a continuación:

«Marta:

»Cada día estoy más convencido de que gran parte de nuestros esfuerzos como adultos, están dirigidos a buscar aquello que fue inalcanzable para nosotros cuando éramos niños. En aquellos aspectos que fueron más dolorosos en nuestra infancia, se centra el objetivo de nuestra búsqueda para satisfacernos en la madurez.

»Tu padre nunca satisfizo las necesidades que un padre debiera satisfacer en su hijita, y creo que todavía estás esperando que se transforme en aquello que nunca fue. Sin embargo, constantemente, él te decepciona, te hiere y te rechaza. Pienso que serás mucho menos vulnerable al sufrimiento cuando aceptes el hecho de que él no puede ni podrá darte lo que esperas, en cuanto a su amor y cariño. No será fácil para ti acostumbrarte a esta idea. Yo mismo estoy todavía tratando de llenar unos cuantos vacíos que me quedaron de la infancia. *Pero duele menos cuando uno no espera nada, que cuando espera en vano.*

»Y suponga que las propias experiencias que tu padre tuvo durante su infancia, determinaron en él ciertas peculiaridades emocionales, que deben ser tomadas como algo muy característico de él. Si fuera ciego, igualmente lo amarías sin tomar en cuenta su falta de visión. En algún sentido, él es un ciego emocional, incapaz de ver tus propias necesidades. El no se entera de las heridas que puede causar con sus actitudes y desaires, ante la muerte de tu hijito, tu propia vida y la boda de Roberto. Su incapacidad lo imposibilita para percibir tus sentimientos y tratar de satisfacerlos. Si puedes aceptar a tu padre como un hombre con una incapacidad permanente, que probablemente le fue causada cuando él mismo era muy vulnerable, entonces tendrán en tus manos un escudo para defenderte de las heladas flechas de su desprecio y rechazo.

»No te preocupes por las ditribas, y no te sentirás el blanco preferido de ellas. Estas son simples ideas que se me han ocurrido cuando leí tu carta. Por lo menos nosotros les recordamos durante la boda. Mis mejores deseos para Juan, y dale un abrazo a Roberto.

Sinceramente,

JIM.

Esta carta ayudó a Marta, no porque cambiara sus desdichadas circunstancias, pues su padre no es ahora mejor, ni se ha tornado más cariñoso y demostrativo de lo que fue en el pasado. Es la perspectiva de Marta la que ha cambiado. Ahora ella lo ve a él como una víctima de crueles circunstancias de su niñez, que mellaron y lastimaron su mente tierna, y causaron en su padre un aislamiento emocional en relación al mundo exterior. Luego de haber recibido mi carta, Marta se ha enterado que su padre estuvo sometido a una serie de incidentes traumáticos, durante su niñez. (Entre otras cosas, una tía le dijo en forma agria que su propio padre había muerto, y cuando el niño se puso a llorar, lo reprendió duramente). El padre de Marta, como yo lo había sospechado, es un hombre con cierta incapacidad.

Algunas de las mujeres que han leído este libro están casadas con hombres que nunca serán capaces de entender las necesidades femeninas, así como las hemos descrito. Su estructura emocional les imposibilita para comprender los sentimientos y frustraciones de otro, particularmente si pertenece al sexo opuesto. Esos hombres no leerán un libro como este, y tal vez, hasta se ofenderían si lo hacen. Nunca se les pidió que se «dieran a sí mismos», y no tienen ni idea de lo que eso significa. ¿Cuál debe ser, entonces, la reacción de sus esposas? ¿Qué puede hacer usted, si su marido carece de la capacidad para ser lo que usted necesita que él sea?

Mi consejo es que trate de cambiar lo que puede ser cambiado, explicar lo que puede ser explicado, enseñar lo que se puede aprender, resolver lo que puede ser resuelto, negociar en aquello que se puede negociar. Crear el mejor matrimonio posible, con los rudimentarios materiales que pueden proveer dos seres humanos imperfectos, con sus personalidades singulares. *Pero acerca de todas las aristas que no pueden ser limadas, las fallas que no pueden ser erradicadas, trate de desarrollar la mejor perspectiva posible, y decídase a aceptar mentalmente, la realidad tal como es.* El primer principio para la salud mental es aceptar como tal, todo

aquello que no puede ser cambiado. Usted se puede enloquecer a raíz de circunstancias que no puede controlar, o como mi amigo Tomás puede también aceptar
las cosas así como son. Puede transformarse en un
héroe o en un cobarde. La depresión a menudo significa rendición emocional. Alguien escribió:

La vida no me da gozo y paz,
eso puedo desearlo,
en cambio la vida me da tiempo y espacio,
eso sí puedo llenarlo.

¿Puede usted aceptar el hecho de que su marido
nunca será capaz de satisfacer todas sus necesidades y
sus aspiraciones? Rara vez un ser humano encuentra
satisfacción a cada una de sus esperanzas y aspiraciones en el seno de otro. Obviamente esta moneda tiene
dos caras: Usted tampoco puede ser una mujer perfecta. El no está más equipado para satisfacer todo su
cúmulo de necesidades emocionales, que lo que está
usted para llegar a ser su soñada máquina sexual que
le provea placer cada 24 horas. Ambos tienen que prepararse para soportar fallas humanas, e irritabilidad, y
cansancio, y hasta esos ocasionales «dolores de cabeza» que siempre le vienen a las mujeres a la hora de
acostarse. Un buen matrimonio no es aquél donde reina
la más completa perfección, sino que es aquella sana
relación, donde una saludable perspectiva se sobrepone
a un montón de cosas que no tienen solución. ¡Y mucha
gracias sean dadas a mi esposa Shirley que siempre
ha adoptado esta posición respecto a mí!

Dije en el capítulo anterior, que mi padre ha influido en mis valores y en mis actitudes, más que ninguna otra persona en el mundo. Esto es particularmente cierto cuando considero su respeto y su amor hacia
mi madre (y el de ella hacia él). Han estado casados

214

por 41 años, y su compromiso mutuo es tan firme hoy, como lo ha sido a través de estas cuatro décadas. Es adecuado entonces, que yo cite en mi libro, ya para terminarlo, las palabras que mi padre le escribió a mi madre en ocasión de su quincuagésimo cumpleaños. El tiempo de primavera le hizo pensar acerca de la brevedad de la vida, y de la vejez que se viene encima. El poema está titulado «Tu cumpleaños», e hizo que mi madre estallara en llanto:

Todo el mundo canta porque ha llegado la
[primavera,
puedo ver los pájaros al sol de la mañana,
entre las hierbas, las hojas y los pimpollos que
brotan, escucho su canto.
Pero nosotros enfrentamos el otoño.

La verdad es que para nosotros el verano se
[ha ido,
y el viento del invierno, la nieve, el frío y
el hielo, nos acosan en el final asalto.
¿Pero puede acaso este momento asustarte a ti?

El hermoso sol del verano ya está lejos,
y no puede derretir la escarcha de tu pelo,
y sé, amada, que presientes la horrible
oscuridad. Pero yo estoy contigo, y mano
a mano, enfrentamos juntos el invierno que
se acerca...

¿No es ésta una expresión del más sublime amor? Mi padre le ha prometido a mi madre enfrentar mano a mano el futuro, aún cuando se avecine «el viento del invierno» y «la horrible oscuridad». El compromiso de ellos no está basado en emociones efímeras, o deseos egoístas. Está respaldado por una voluntad comprometida. ¿No es ésta la «unidad espiritual» que las mujeres buscan en sus esposos? Como seres humanos podemos sobrevivir a las circunstancias más difíciles si sabemos que no nos encontramos solos. Somos seres sociales, y no podemos soportar la soledad emocional, lo mismo que Adán antes de gozar de la compañía de Eva. Las mujeres necesitan a los hombres, y los hombres necesitamos a las mujeres, y esto siempre ha sido así.

Estoy seguro que se habrá dado cuenta, cuán repetidamente este mismo tema ha surgido como respuesta a todas las fuentes de la depresión femenina. Si lo examinamos de cerca, pienso que es un solo problema con diez manifestaciones distintas. Para decirlo claramente: Dios ha creado la familia para una función y un propósito específico. Cuando las cosas funcionan así, en forma correcta, las necesidades emocionales y físicas de esposos, esposas e hijos, son satisfechas en la hermosa relación del verdadero amor. Pero cuando la función de la familia es estorbada o destruida, entonces cada uno de sus miembros experimenta el dolor de las necesidades insatisfechas. Este es mi mensaje. Esto es lo que he querido decir a través de este libro. Cuando la familia vive conforme al propósito trazado por Dios, entonces hay estimación propia, se satisfacen las aspiraciones románticas, se termina con la soledad, la incomunicación, el aburrimiento; se contribuye a la plenitud sexual, y los esposos se mantienen juntos en fidelidad. Y todo esto da a los padres un sentido y un propósito, lo cual contribuye aún más, a una buena estima personal. Una cadena así, no tiene eslabones débiles. Por el contrario, revela la belleza de la creación de Dios, al igual que el resto del universo. Pero puede ser destruida como se está envenenando el aire, y contaminando las aguas que Dios nos ha dado. Cuando la familia es envenenada a través del libertinaje sexual, el egoísmo, las vidas demasiado ocupadas, entonces, la enfermedad reemplaza a la salud, y el desaliento toca a la puerta. Hoy, la familia norteamericana está enferma, y la magnitud de males como la depresión que hemos descrito, es el síntoma de su enfermedad.

¿Qué es lo que más desea una mujer de su marido? No es una casa más grande, ni un lavaplatos mejor, ni un auto nuevo. Más bien es la seguridad, de que «mano a mano, nosotros enfrentaremos lo mejor y lo peor que la vida pueda reservarnos, pero que siempre estaremos juntos».